家庭傷痕

羽茜——著

目錄

第二章 父母是家人，也是重要的外人 119

前言

無法說出口的傷，讓真實的愛難以成立

越思考就越會覺得，家庭真的是一個特別的地方。

有人覺得家是溫暖的避風港，也有人覺得在家裡不如在外面輕鬆，就像童年，有人回想起來是受人保護的快樂回憶，也有人從很小的時候就必須做個小大人，照顧整個家庭使其不分崩離析。

孩子並不是像我們想像的那樣，每個都擁有無憂無慮的童年。世界上有不負責任的大人，就有不負責任的父母，有個性不成熟、價值觀偏差，甚至是病態型人格的大人，當然也就會有這樣的父母。

但是，在我閱讀、分享，還有和讀者交流孩子受到這樣的父母傷害的經驗時，可以感覺得出來，人們非常避免去談世界上有不適任的父母，特別是，有不愛孩子的父母。

只要孩子說自己從父母那邊受到傷害，無論是年幼的孩子還是成人，也無論是過去還是現在的經驗，得到的回應總是：不要想那麼多、天下無不是的父母、父母都是愛孩子的。

就像在說，覺得受到父母傷害、不被父母所愛的人，是自己有問題。這些人會被貼上不知感恩的標籤，比起去關心他們受傷的感受，人們更願意相信，父母的愛是與生俱來、不容質疑。

這讓受傷的人無法說出自己的經驗，甚至必須反過來，把自己從父母那邊受到的傷害，扭曲成是自己傷害了父母，比方說是自己太壞、太任性、太不懂事，才「害」父母沒有辦法好好對他、愛他，是自己破壞了父母原有的親情，陷入自我價值低落的困境。

另一種情況是，旁人或許願意接受，父母的言行其實傷害了孩子的事實，但是卻很快跳到下一個階段，強調孩子應該要讓事情過去，讓父母「功過相抵」。

父母對孩子的傷害，無論是言語的還是肢體的暴力、冷暴力，或者是情感忽視，只要父母還是有盡到養育的責任，孩子長大後，看似沒有嚴重的身心創傷（實際上創傷未必會展現給其他人知道），人們就會認為，這表示父母造成的傷害不嚴重、可以被包容和原諒，過去就讓它過去。

人們會忽視孩子為了讓自己好好長大，為了理解和療癒父母在自己身心上留下的創傷做了多少努力，而內心可能還遍體鱗傷。

沒有被好好地愛著長大的人，很難建立存在的價值感和自信心。

功過相抵，是我們看待親子關係的一種非常特別的方式。

而我時常在想，人們究竟有沒有發現，這種特殊的看法，正是社會賦予父母的一種特權。

同樣的事情假設不是發生在父母對孩子，而是發生在其他人，比方說親戚、戀人、朋友或職場人際之間，絕對不會被允許功過相抵。

就像是我們不會對一個受到伴侶暴力的人說：「雖然你的伴侶心情不好時會打你，但是他平常都對你很好啊！你應該要看他好的地方。」

但是我們卻會對孩子說出類似的話：「爸媽雖然有時候對你不好（哪怕是言語和肢體暴力），但是平常都對你很好，給你穿、給你住、讓你讀那麼貴的學校，帶你出去玩還買玩具給你……」

人們會強調要看父母對孩子的付出，好像給予了孩子生存所需、培養了他的生存能力，就確保了父母可以偶爾、有時，甚至是經常，對孩子施加暴力或者是控制、傷害孩子。

「如果不是我，你早就流落街頭了」、「都是因為你我才過得那麼慘」、「我怎麼那麼倒楣有你這樣的孩子」……我們會允許父母對孩子說很殘忍的話，強調父母絕對是有口無心，要求孩子「只記住好的地方」、「感謝父母生下了你」。

跟很多人一樣，我是在做父母之後，才知道做父母有多辛苦的。生下孩子，是母親冒著生命危險度過的關卡，照顧、教養孩子直到他長大成人，更是艱難的任務。

但是同時間，我也深刻感覺到，面對父母，孩子是非常脆弱的。因為這個社會賦予父母很多特權。就是前述，人們不願意相信有父母不愛孩子，所以會為父母不愛孩子的言行加以辯解，即使有父母傷害孩子，也會捍衛父母可以功過相抵，既往不咎的權力。

相對於做什麼都會被合理化、甚至是美化成「為孩子好」的父母，孩子是一個絕對的弱勢。這個弱勢還會延續到他們成年，他們都不會被允許說出，他們在父母那邊受過的傷，還有不被愛的待遇。

我常跟朋友開玩笑說，如果有人說，自己被父母情緒勒索，這種痛苦可能只有一部分的人會表達同情，還有更多的人會加入情緒勒索的行列，指責他「父母生養你已經那麼辛苦了，你為什麼還要再提」。

父母跟孩子的關係就是那麼不平等，孩子如果不想遭受更大的壓力，就只能做出自己毫髮無傷，父母也是理想父母的樣子。

我寫出這本書，並不是想要指控讓孩子感到受傷的父母，我知道沒有人是完美的，關於愛，還有怎麼與人相處，也是每個人都在學習。

但我想說的是，父母跟孩子之間一開始就不平等的預設，會讓真實的愛，在親子關係之間難以成立。

雖然人們都說，父母愛孩子是天性，是自然而然的，而孩子只要懂事，就會以愛回報父母。

但是如果你被一個人傷害卻永遠不能說痛，你甚至不能說對方傷害了你，而必須要說，是感覺到痛的你自己不對、自己不懂事，那你和這個人，有可能建立起自然的、放鬆的、在對方身邊能覺得溫暖和安全的那種關係嗎？很難不心生恐懼而想要逃離吧。

真正的愛是以平等和尊重為基礎的。當我們愛一個人，我們會認同他的感受很重要，對待他的方式，要讓他覺得公平合理也很重要，但是一旦父母的權威被無限上綱，父母對孩子的愛，被神聖化且不容質疑的時候，孩子的感受，和父母就沒有同等的重要性。

在親子關係當中，人們想要的究竟是真實的愛還是上下關係，有時我會忍不住質疑。真實的愛應該是無論哪一方讓對方感到受傷，受傷者都有權利將受傷的感受說出來，不需要抹滅自己的真實感受，來讓對方自我感覺良好。

但這個社會非常強調要維護父母都是愛孩子的、天下無不是的父母、父母的傷害都是無心之過的神話，讓孩子在這樣的壓力下，其實不可能說出自己因為父母的言行而受傷了，連想說痛都不行。

這本書或許會被認為有點驚世駭俗，因為書中我開宗明義地指出：「天下無不是的父母」這句話，需要被改變或加上但書。但是看過《幸福童年的秘密》、《我的骨頭知曉一切》、《家庭會傷人》等著作的話，就會知道家庭裡會有傷害，其實並不是什麼新的發現。

這本書的特色在於，我不是在做個人感受的抒發，也不是用心理學的角度去探討親子關係對個人心理的發展會有什麼影響。

因為我主修的是社會學，我想提出的是，我們的社會環境、社會文化，一直在賦予親子關係特殊性，將父母的愛神聖化，強調父母決不會傷害孩子的社會迷思，讓孩子的傷，即使他們成人了也難以向別人訴說，更難以痊癒。

第一章

那些家庭裡的錯待：我們經歷了什麼？

孩子都知道
父母是否真誠

因為孩子的一些事情，
我想起了日本心理學家河合隼雄的說法。
他說人與人的對話就像傳接球，相處也是，
重點不是找出一套絕對正確的方式，
而是不能逃避、不能便宜行事，
「要用自己的大腦去思考」。

跟孩子的相處，就是這點很玄。有時並不是方法的好壞在決定結果，而是孩子可以直覺的感受到，大人應對他們的心態和動機。

縱使說得頭頭是道，能讓外人感動佩服「真是好父母」的說話方式，孩子卻能夠判斷，父母是真心關懷才這麼說，還是只是很會說話，想用話語說服自己、讓自己感動而已。

一旦孩子判斷出「父母只是在自我陶醉」、「只是想要看起來有在關心」、「說出來的話，只是想被認同很有道理，但自己其實並不如此相信」，孩子就絕對不會被父母的說法感動到，哪怕父母在外面可以用這說法感動無數的人。

相反的，即使是不那麼聰明，甚至有些笨拙粗魯的態度，透露出自己的挫折、狼狽，甚至是軟弱的真話，一旦孩子認為父母是真的關心自己，而不是關心他們身為父母的面子或期待，孩子就會接受並認同父母的那份心意，哪怕父母所說的內容，在外人看來一點也不符合理想教養該有的樣子。

孩子是用父母有沒有真實、真誠地面對他們，來判斷對於父母的說法或態度，要取信多少和認同多少的。

因為牽涉到一種神祕的直覺，孩子對父母是否真誠的判斷，所以所謂的好父母（假設其定義是真心愛孩子的父母），其實外人的看法和孩子的看法，很常會有落差。

但世人往往仰賴自己的判斷，輕易說出一些「我覺得他不是那樣子的人」、「我覺得他們是很好的父母」這樣的話，來否定孩子對父母最真實的感覺。

而我覺得**最可憐的，是能夠察覺父母並不愛他，卻又一輩子不能將這**

謊言戳破的孩子。

他們明明知道父母不愛，或至少，絕對沒有父母口頭上說的那麼愛，卻因為自己愛著父母，想要和父母關係和諧而不得不去配合演出。

明明是自己最渴望卻又得不到，無數次為此心灰意冷的，卻必須演出自己已經得到了，並為此感到感激和滿足的心情，這種必須要配合父母演出的表裡不一，就像讓孩子一次次的往自己心上插刀，是難以言喻也難以向外人訴說的痛苦。

那些察覺到父母不愛自己，卻又必須演出被父母所愛，並真心感到滿足的樣子的孩子，並不只是為了得到父母的歡心才這麼做，也是因為如果他們說出「覺得父母不愛我」的事實，馬上就會被否定和批評。

——父母都是愛孩子的。

——世界上沒有不愛孩子的父母。

旁人總是按照這樣的社會迷思，輕易否定孩子的想法和感受，做出像是「不要這麼說，爸爸媽媽是很愛你的」、「我覺得他們不是你說的那種人」、「要相信他們很愛你」之類的回應。

但是關於愛這件事情，重要的怎麼會是別人的看法呢？

要是真的被愛的話，即使不懂事時，可能無法理解父母的用心良苦，到了懂事的時候，也可以察覺到父母的對待中有愛吧。更何況，沒有比孩子本人更希望父母愛著他們的人了。

這些能夠判斷父母對自己的愛並不真誠，已經察覺到父母只是口頭說說，只是想要用表面上的愛來交換些什麼的孩子，因為旁人總是否定他們感受到的真相，只能一個人承受更深刻的悲傷和孤獨。

孩子，不管是年幼時期還是長大成人，只要說出「我覺得爸媽不愛我」，就只會得到類似的回應像是：「不會啦，你不要這樣想」、「一定是你想太多了」、「怎麼會有人不愛自己的孩子呢！」「爸媽一定是愛你的。」

說出這些話的人，究竟是為了讓孩子寬心，還是說來讓自己覺得好過呢？

是因為自己一聽到有父母不愛孩子，而且這個父母可能還是自己認識的人（比方說親友），馬上就覺得心裡不舒服，所以想否定這件事情不是嗎？

說出「爸爸媽媽不愛我」的孩子，其實並不是想說爸媽壞話，他們只是想要自己的孤獨被理解。**一直在應該要能體會被愛的家庭裡，體會著不被愛的悲傷**，不懂自己做錯了什麼才得不到愛的疑惑，只是希望說出來，能夠有機會被聽見而已。

甚至，被誰聽見都不是那麼重要，只要有一個人能夠聽見，不帶批判的傾聽，不要說他們是壞孩子或是想法奇怪的孩子，就能帶來很大的療癒。

我們對於說出父母不愛自己的孩子或成人，真的有太多誤解了。

先入為主的認定他們不成熟，對父母未能滿足他們而有所抱怨，想像一定是有一對任勞任怨為孩子付出的父母，在面對貪得無厭、好像給再多愛和物質也不滿足的孩子。

但是這只是我們對家庭、對親子關係的一種想像，而不是普遍共有的真實。

不是每個人都擁有無怨無悔付出的父母，孩子對父母不愛自己的抱怨，也並非全都是出於幼稚，相反的，這世界上其實有很多真心的、想要滿足父母需求的孩子，以及無論得到多少都覺得不夠的父母。

這些父母總是覺得孩子還可以更好、抱怨孩子不夠貼心，彌補不了他們為生養孩子所做的改變，甚至是無意識的期待孩子能扮演家中的成人，分擔父母的壓力和憂愁。

所謂的社會迷思，就是其實並不真實，然而被社會上多數人全然相信的說法，常常被拿來取代社會現實。

我覺得「父母都是愛孩子的」、「父母的愛是無條件的、最偉大的」、「父母總是願意為孩子付出一切」，就是一種社會迷思。

願意無條件、為孩子付出一切的父母固然是有的，但是不願意，沒有這種意願和能力的父母也一定存在。

這些迷思讓我們看不見，其實很多人有了孩子之後，依然以自己為優先，要求孩子滿足自己的需求，自己不會讓其他人看見的自私的一面，總是要求孩子無保留的接受。

「我可是你的父母」這句話其實就可以呈現出對這樣的人來說，父母身分的崇高、社會賦予其神聖不可侵犯的特質，還有將來可以和孩子索取的回報，才是他們成為父母真正的追求。

父母都愛孩子其實是一個假設，沒有能力去愛的人，也有可能成為無能去愛的父母，擁有這樣的父母的孩子，其實可以感覺到自己的父母和別人的不一樣，但卻因為這個社會，多數人緊緊擁抱著「所有父母都愛孩子」的迷思，他們真實的感受和想法只能被迫噤聲，甚至在內心對自己否認，責備這個無法感受到父母的愛、懷疑父母的愛的自己。

真實的愛，是照顧、責任、尊重和了解

佛洛姆在《愛的藝術》中提到，
愛是一種藝術，需要創造、學習，與實踐，
而它的構成，其實是有四個元素的。
那就是照顧、責任、尊重、了解。

在許多談到愛，都把愛跟戀混為一談，或者認為愛只是一種立基於生物本能所產生的幻覺的說法中，可以看到像這樣定義愛、理解愛的說法，真的讓人覺得心裡頗為安慰。

如果愛只是戀慕，那就是跟內心從小受到的暗示，什麼樣的情況叫做浪漫，什麼劇情令人心動有關，自然會變得膚淺而且無法維持。

而如果說愛只是生物本能，是基於性衝動的互相吸引，其實觀察人與人之間有愛的關係，就會發現這種生物說所不能解釋的事情，比能夠解釋的事情多太多了。

所以關於愛，佛洛姆的說法是我最喜歡的了。

如果能從小就知道這就是愛，也身體力行地學習實踐，應該就能長成一個懂愛的人，而不是在茫然中追尋了吧。

以佛洛姆的定義來看，多數孩子在成長的過程中，父母都只提供了其中兩項條件，就是照顧和責任。

父母養育孩子長大，有許多照顧的任務，而沒有逃避或放棄這些任務，就是責任。

不能否定這兩項工作的辛苦，也不能不承認，在這個競爭壓力極大，有時候光是生存就已經讓父母自顧不暇的社會，做到照顧和責任，其實就已經很不容易。

但是，正如佛洛姆所說的，照顧、責任、尊重、了解，四項條件缺一不可，只要缺乏其中一項，就不能稱之為愛。

愛不是一種被動等待，也不是只要得到就能讓人獲得滿足而因此心生嚮往的東西，而是必須非常慎重、非常努力才有可能達成的目標，當我們說自己愛一個人，就意味著我們會努力去在與他的關係中，實踐照顧、責任、尊重、了解。

卻有一些父母，只做到照顧和責任，但是不尊重，也不試圖了解自己的孩子，就讓一段應該要有愛的關係，總是讓人覺得缺乏了什麼。

有個朋友被自己的母親說過這樣的話：「你還有什麼好抱怨的？我沒有把你送到孤兒院已經不錯了。」還到處向別人說這是自己最疼愛的女兒。

也有人被父母提出類似的質疑：「養你這麼大，把你栽培到現在這個樣子，難道不是愛嗎？到底還有什麼不滿足？」讓孩子為了自己竟然質疑父母的愛，感到內疚羞恥。

是啊，照顧和養大一個孩子已經這麼難了，身為孩子，也是這項任務的對象，究竟還能有什麼怨言，說自己感受到的不是愛呢？

對孩子說「早知道把你送去孤兒院」的母親，一定也是覺得，如果當初真的把孩子送去，現在的自己不知道多麼輕鬆吧。

因為做到了照顧和責任，所以認為已經是功德圓滿的愛，但是就像佛洛姆所說的，愛的四項條件缺一不可，感受不到尊重和了解時，照顧和責任雖是恩惠，卻也彷彿是一種條件交換的枷鎖。

我時常在想，為什麼有些父母對於自己養活了自己的孩子，賦予那麼高的評價，僅僅是養著、沒有讓他餓死，就覺得那是愛了。

那是照顧和責任沒有錯，但即使是面對寵物，我們也不會說，提供食物和足以遮風避雨的地方，就表示我們愛牠。

甚至，有時候面對自己的孩子，這些宣稱愛孩子的父母，還會沒來由地發洩脾氣、往孩子的身上或心上狠狠地踢上一腳，這跟平日所做的照顧和責任，難道是可以等價交換、功過相抵的東西嗎？

因為我照顧了你，所以可以按照自己的意思隨意地對待你，像這樣**失去了尊重和了解，雖然有做到照顧，卻還是更接近人與物的關係了**。

沒有把被照顧的一方當成人，而是可以擁有、操控、隨意對待的物品。

孩子被當成了父母的所有物，失去了做為人的個體性和存在價值。

照顧是愛，但不是愛的全部，並不能彌補孩子所感受到的，在尊重和了解上的不足。

不被尊重也不被了解，甚至父母也不願去了解，只一味要求孩子的服從，像這樣的關係要宣稱是愛，反而讓被愛的一方感到非常痛苦。

「父母一定是愛孩子的」，這句話不僅是父母相信，孩子也深深地相信著。

但是就像佛洛姆所說，現代人對於愛多有誤解，比起去實踐真實的愛，還更常沉溺在想像當中，一廂情願地認為自己擁有愛的本能。

就像人們常說的，「是自己的小孩，生了就會愛」，好像愛不需要進一步思考、不需要進步、也不需要拿出創造力和努力去練習。

那種本能是一種幻想，好像愛是人們心中既有的東西，所需要做的就只是尋找那個愛的觸發物，比方説戀愛時只要找到「對的人」、「真命天子／天女」，一切都會水到渠成。

按照這個邏輯，如果遇到困難，或體會到愛一個人有多少的自相矛盾和辛苦，現代人不會去反省自己愛的能力，而是直接去推翻這段關係，去斷言：一定是因為這個人是錯的、不是「命中注定」的對象。

愛不需要練習、愛就是愛，是一種既有的、現成的東西，現代人相信這樣的本能論，延伸到他們做父母的態度。

他們會照顧自己的子女，盡到父母該盡的責任，但是需要練習和創造的部分：尊重和了解自己的孩子，在雙方的個體性產生衝突時仍然努力去愛，就在愛是一種本能的幻想下被忽略了。

父母相信天性的愛，孩子也相信自己是由愛而來，但是如果不被尊重，也感受不到對方有試圖了解自己，照顧和責任就更像是單純的條件交換。

「現在得到的有一天都要還。」這種彷彿虧欠對方的心情，沒有辦法給人被愛的安全感和自信心，父母讓孩子活著並且培養他們活下去的能力，那只是照顧了身體，心理並不能因此就維持健全。

孩子要能在心理上也感受到被愛，必須要得到父母的尊重和了解，但是有些父母只會單方面要求孩子的尊重，或者以尊重為名，實際上要求的是孩子的服從和感恩，而自己則從未將孩子視為一個平等的個體。

因為沒有尊重也沒有了解的意願，許多父母不去了解孩子的想法而是直接給他們貼標籤，有主見就變成忤逆、沒有敬老尊賢的觀念，總是輕易地否定孩子。

只希望孩子能符合自己的期待，而不允許他們擁有自己意見的父母，和孩子之間無法建立起平等和相互尊重的關係。而當自己的想法和感受永遠不重要，重要的永遠是父母的意見時，孩子也很難感覺到，父母所說的那份愛是真實。

因為佛洛姆，我感覺每個不被愛的孩子的內心疑惑，明明得到了父母宣稱的愛，卻總是覺得有哪裡不足，好像愛原來沒有辦法給人存在的安全感和自信心的那種狀態，如今都有了可以明確解釋的概念工具。

僅僅做到照顧和責任的愛不是愛，真正的愛，不能缺少尊重和了解。

關於愛，重要的不是表象而是真實

孩子可以接受父母的軟弱，

所以不需要在孩子面前做出無所不能的樣子。

孩子不能接受的是，

父母因為自己的軟弱而去傷害、利用他們。

無論父母是因為事業還是婚姻和家庭的苦惱而煩心，沒有空煮飯或者沒有心情陪他們玩、沒辦法提供那麼多物質，孩子其實都可以接受。

很多人低估了孩子的理解能力，但孩子其實就像成人，就算年紀小的時候會鬧情緒，忍耐力也不足，但是隨著年紀增長，只要父母對待他們的態度始終尊重，始終在乎他們的快樂和福祉，那麼即使過程中有些力有未逮的地方，孩子也會逐漸懂事，知道人生中總有無可奈何的事情。

但是，父母因為自己的軟弱或逃避，而理所當然的忽視、甚至是傷害孩子的心情時，情況就不一樣了。

比方說，有些人會因為自己不想面對情緒陰晴不定的伴侶，就推卸自己在婚姻中的責任，把和伴侶溝通的事情都交由孩子去說。

不想處理夫妻吵架後留下的一室狼藉，就責怪孩子「房子這麼亂也不會幫忙收」，也有人總是把一吵架就會喝酒喝到吐得七葷八素的伴侶交付給孩子，出門前只丟下一句話：「照顧你爸爸／媽媽」。

對孩子來說，他們會因為眼見父母正在痛苦而感同身受、想要幫忙，所以毫不遲疑地接受這些任務，卻無法理解到：父母其實是在卸責。

這些父母因為自己和對方的相處出了狀況，看到對方喝酒、怒罵就覺得很難受，不想面對婚姻的難題，就自己逃離這一切，把狀況留給懂事的孩子。

但是，被迫留在家裡眼見這一切的孩子，難道就不會難受或痛苦嗎？只要多想一下孩子的心情，就會知道這麼做是不可以的，但是卻以自己的軟弱為理由，把自己不想做的事情交給孩子去做。

一旦曾經利用孩子來逃避自己生活的難題，十之八九都會養成習慣。

因為孩子，特別是在還年幼的時候，沒有辦法判斷父母把這項任務交給自己其實是錯的，是應該要拒絕的。

孩子愛父母的那份本能，會讓他們自然地想要為父母做些什麼，所以只要是父母的要求，他們就會努力去做。

無論是代為照顧行為失控的另一半，還是去陪伴、傾聽父母說話、或者是去當夫妻二人冷戰時的傳聲筒。

然後父母就會體會到，家裡有一個看似比彼此更加冷靜、不會抱怨就去接手這些惱人事務的人的好處。

孩子不像長輩，長輩可能會指責或批評他們這麼大了還吵架打架、喝酒鬧事；也不像朋友，再好的朋友也是外人，自尊心使然，人總是不想讓外人看見自己婚姻的真相，看見自己夫妻吵架，或者是因為事業失敗而頹廢喪志的樣子。

但孩子就不同了，因為自己的角色是父母，再失控都不用擔心會被孩子教訓，指出自己這樣做是不對的。就算真的被孩子批評，只要搬出「我是你爸／媽耶！」的權威就好了。也不用擔心孩子會像外人那樣，可能把自己的醜態當作茶餘飯後的閒聊散播出去，讓自己在朋友圈裡陷入難堪。

孩子就是一個願意幫忙、願意傾聽、又會一起對外掩飾這些真相，直覺地知道家裡這些事情「不適合說出去」的人。

在自己軟弱的時候，有比孩子更好利用的對象了嗎？最讓孩子感覺到「不愛」的，其實就是這樣需要的時候利用，絲毫沒有想過他們是什麼樣的心情的父母。

我們時常在網路上看到，父母擔心自己如果離婚，就沒辦法讓孩子擁有看似完整的家庭，或者是工作忙碌，內疚自己沒辦法讓孩子吃到親手做的飯等等。

但我總是想說，可以放寬心一點，不用那麼在意那些事情。

孩子可以接受外在的、物質上的缺憾，甚至有能力把那些缺憾當成自己成長和進步的養分，孩子不能承受、可能成為他們成長和發展自我的阻礙的，不是那些外在條件的缺乏，而是內在——父母沒有真誠地愛著他們。

父母如果離婚，但雙方都有共識要把對孩子的傷害降到最低，盡可能不讓孩子寂寞，不要讓孩子因為單親而被歧視，那即使離婚了，傷害也比夫妻兩人勉強在一起，表面上看起來沒有問題，私下卻劍拔弩張，因為自顧不暇而忽視了孩子的感受還來得好。

因為工作忙碌而無法給孩子親手煮飯，但是在跟孩子一起吃著外面買來的便當時，能夠對孩子露出笑容，自然地表達出「能一起吃飯真好」，孩子也會感受到爸媽是喜歡跟自己一起吃飯的，那會讓他們很自然地也放鬆下來。

父母的內心究竟懷抱著什麼樣的感情，對孩子有沒有真實的在乎和心疼，遠比外在可見的，那些會被外人拿來判斷這個家庭是否幸福的事情來

得重要。

關於愛，重要的永遠不是表象，而是真實。

有些人過度執著於表象，堅持要有看似完整的家庭，孩子要有可以叫父親、母親的人住在一起，所以即使婚姻關係出了問題，仍然堅持不離婚，反而讓孩子承受更多父母婚姻關係緊張的壓力。

形式不能保證內在。一個人擁有父親，並不表示他一定擁有父愛，擁有母親，也未必就擁有母愛，堅持每一個角色都要有一個扮演的人在那裡，就像在玩扮家家酒一樣，並不能保證就是一個功能正常的家庭。

那些真正對孩子成長有益的，家人間的互相體諒和尊重，往往都跟人數和角色稱謂無關。

無論是孩子還是成人，人活著要能感到幸福，需要的都是真實的愛，而不是只是看起來美好，像年節廣告那樣，只是符合刻板印象的表象而已。

有些人卻追求表象超過實質，願意給孩子看得見的東西，甚至過度執著於這些看得見的東西，對於看不見的，比方說孩子的內在需要，卻非常吝嗇，沒有意願也沒有能力去照顧孩子的心靈。

被這樣對待的孩子其實知道父母的偏執，但內在的空虛難以向人表達，只能默默承受配合演出的壓力，勉強自己做出滿意的樣子。

因為孩子的表達能力還沒有那麼好，也可能因為個性、天生的傾向，即使成人了，也沒有發展出能夠說明細微情感的能力，但是每個人一生下來，就是那樣本能地渴望著真實的愛，也用同樣近乎虔誠的心，真摯地愛著自己的主要照顧者。

所以即使他們說不出哪裡出了問題，也能夠感覺到有些不對，父母口口聲聲說自己愛著孩子，行動上卻沒有辦法讓孩子有被愛的信賴感。

過度追求表象而非真實，只會讓孩子得不到真實的關心，卻必須配合演出的痛苦，變得更為沉重而已。

因為孩子而變成更好的人，這個過程並非全自動化的

「父母也是人」這句話，
總是被用在希望孩子接受父母的過失，
不要把父母理想化的時候。

這句話也會用在希望父母放鬆一點，不要對自己提出聖人般的要求，給自己太大壓力的時候。這兩種用法都沒有錯，我自己也會這麼說。

但是，在這句理所當然的話背後，還有一個層面沒有被提出來，或者說被刻意地忽略了。

既然父母也是人，那身為人可能會有的各種狀況，導致這個人沒有辦法跟別人或自己好好相處，甚至是去傷害別人、攻擊別人的情況也是會有的。

人會有的毛病和弱點、缺失，成為父母的人也是一點都不少，人們總是相信或希望，一個在性格或品德上有問題的人，唯有在面對他的孩子時綻放出人性的光輝，固然是有可能的，但是也有可能事與願違。

世界上有多少人，就有多少種毛病，一個虛榮的人成為父母之後可能依然虛榮，一個競爭心很強、把勝過別人視為人生最大目標的人，也有可能在有了孩子之後，依然以勝負看待每一件事情，把孩子作為戰勝別人的武器，要求孩子也要和自己一樣，把別人比下去，讓他分享這種勝利感。

我們好像有一種迷思是，無論個人有什麼樣的缺點，嚴重的或者不那麼嚴重的，一旦他成為父母，就會因為對孩子的愛，希望孩子幸福的那份心願，而自然地對自己的缺點產生了超越性，有了轉換想法、克服這項缺點的能力。

然而事實上，因為孩子而「變成更好的人」的人固然很多，但是完全沒有變、甚至因為有了弱小的孩子作為實踐自己意志的工具，各項缺點反而惡化、擴大它的影響範圍的人也是有的吧。

為什麼我們會假定，就像電影中常看到的，某些罪大惡極的人依然掛念著自己的孩子那樣，就只有在面對孩子時，表現得像完全不同的人呢？

我並不是說這是不可能的事情，但卻覺得，或許是因為那些角色的惡行，已經到了不可能視為普通人而加以忽視的程度，才顯得他們對家人的愛更加特別，令人感嘆果然虎毒不食子，但是與此不同的，那些作為一般人，其實很難浮現在大眾面前的缺點或偏差的價值觀，因為不那麼引人注目，如果假定人都會在成為父母後加以改進，反而會更容易忽視，有些孩子正為了父母偏差的價值觀所苦。

人會不會因為有了孩子，就變成更好的人，很大一部分是仰賴個人自覺的。

一個人如果沒有自覺到自己的問題，對自己不夠了解，那麼所思所想、行為舉止，都會在無意識當中，被自己的缺點影響。一旦有了小孩，我認為，只是把這樣的影響，延伸到小孩身上而已。

舉個例子，虛榮的人難道有了小孩之後，自然就會放下自己對外在、對別人的讚美和稱羨的渴望嗎？要做到這點的話，需要這個人對自己的虛榮有所意識吧。

而那份自覺是非常不容易的事情，因為人總是覺得自己沒有錯、沒有問題，很難接受別人可能是真實的批評或點醒。

以虛榮來說，只有反省到自己太過在乎外在評價，追求表面而讓自己或身邊的人為之痛苦，下定決心改變，才能在每一次因為虛榮而產生的念頭浮現時，自我提醒不要被表面上的贊否牽著走了。

人最重要的是自己過得好，覺得踏實，建立在與他人比較下才能滿足的虛榮心稍縱即逝，因為人不可能總是在每一件事情、每一個階段都贏過別人。

但是，一直都沒有意識到自己的所作所為，許多都出於虛榮的人，又會怎麼樣對待孩子呢？

我們在成年人之間，也時常聽說這樣的事情，就是孩子為了爸媽的好面子而受苦。

可能是結婚的時候被父母要求，喜酒一定要選在負擔不起的宴會廳，一定要花上多少錢來做出排場，或者因為別人都跟兒子女兒出國玩回來可以炫耀，自己也不能沒有。孩子可能沒有辦法負擔那樣的東西，但對於別人有、自己就要有的父母來說，無法滿足自己的兒女就是無能，「養你這麼大有什麼用？」對外在稱羨的渴望，凌駕於對孩子真實的關心。

也有年輕的父母之間，會拿彼此的孩子做比較，成績優秀的孩子讓父母走路有風；成績落後，或者也沒有什麼其他才藝可以炫耀的孩子，就好像讓父母臉上無光，非得要逼著他更拚、更努力，做到跟別人一樣好甚至是更好為止。

哪怕是資質普通的孩子，用利誘威逼也要讓他考上一個說出去有面子的學校，多少人在懷胎九月時想著只要孩子健康平安就好，隨著孩子逐漸長大，想要藉由這個孩子來滿足自己的念頭卻逐漸加強，好像忘了身為父母，最大的幸福應該是看著孩子幸福。

人有很多說法可以包裝自己的虛榮，像是「一生一次的結婚當然要盛大」、「要你考好學校是為你好」、「選這個職業你以後會感謝我」，雖然某部分可能是真的，也合情合理，但總有些人其實是超過了正當的範圍，不只是支持或鼓勵孩子去做到自己認為好的事情，而是不能接受孩子沒有辦法滿足自己的虛榮。

當然，人的動機總是複雜的，可能也沒有人能夠說，自己對孩子提出的要求、對他未來的想望，沒有任何自私的成分，我也時常會想，我希望孩子做到的事，當他剛好符合我的期盼，甚至讓我說出去很有面子的時候，我可能也很難抽離這種想要一直維持下去的情緒，會希望他一直是那個讓我引以為傲的樣子。

但是，在到了某個程度之後，父母就應該要意識到，再多要求，就不能說是為了孩子，而是為了自己。

負擔不起豪華婚禮、自己也未必有這項願望的孩子，要為了做不到的事情，被父母用拒絕參與婚宴、甚至否定這樁婚姻，抵制到什麼時候呢？

這彷彿電視劇一樣的劇情，卻在我們日常生活中隨處上演，「孩子的婚宴就是父母的畢業典禮」，以這樣的想法去要求孩子，即使負擔不起，為了滿足父母的願望也要去借貸，讓孩子做到這種程度的時候，還能問心無愧地說自己對孩子的要求純屬善意嗎？

我們時常用「父母也是人」這句話，來要求孩子接受父母的缺點，虛榮只是一個常見的例子，其餘還有說謊、誇大、控制狂、自戀症、過度依賴、好妒、軟弱……各種各樣人性的缺點，固然不可能全部抹除，但是也不應該無視孩子為了父母的缺點而受苦的事實。

親子關係就像其他的關係一樣，沒有人是聖人，所以互相包容、彼此退讓是必要的。

但是，當那份包容不是互相，而是單方面的，只有一方必須要承擔，甚至是為了另一方的缺點而負擔所有代價時，關係會變得難以維繫，或者是即使維繫了，也有人彷彿身處牢籠，這是一項事實。

我並不是在說，做父母的就應該要把自己的缺點全部抹去，實際上也沒有人可以做到道德完美，沒有人是理想中的聖人。

只是在想到「父母也是人」這句話的時候，就會想到，是啊，所以父母在對待孩子時，也有可能會造成孩子難以承受的陰影和痛苦。

我們應該要看見這個部分，身為父母要自我提醒，既然不完美，就要放下控制孩子的念頭，對自己性格上的缺點有所覺察，努力去自我修正。

因為孩子而變成一個更好的人，這個過程並非全自動化的，要讓它發

生，必須要有意識地努力，而且是真誠的、不背對自己的軟弱，真實地面對自己。

來自父母的傷害，孩子總是在傷癒前就被要求原諒

父母也是人，也會有軟弱的時候、做不好的時候。

這句話雖然是對的，

但是因為這句話說出來的時間、場合，

我總是覺得有一種為失職的父母辯解的嫌疑。

不應該說因為是人，總有不理想和不完美的一面，就要求孩子對父母的失職或錯誤照單全收吧？父母當然是人沒有錯，但能夠用這句話緩和那些並沒有從父母那裡得到應有的尊重和感情的孩子的傷痛嗎？

不完美和不正確，徹底是兩件事。孩子並沒有期待父母是完美的人，但是被用不正確的方式對待，任何人都會感到受傷和挫折。

大人用錯誤的態度和動機去對待孩子，不應該要求孩子因為對方是父母，就無條件地接受、或者是無止盡地加以美化，要求孩子想像父母錯誤的行為背後，一定還有出於愛的正確動機。那只是讓他們更難區分什麼是對的、什麼是錯的待人方式而已。

孩子因為父母的錯待而受傷，或者是成為大人之後，希望能走出自己的童年陰影，因此說出自己的過往，想獲得理解和幫助。

這時旁人所說的「父母也是人」，意思就是放過他們吧，不要再追究了。

但是說出自己的事情也不是想要追究，過去的事情不可能因為說出來而獲得改變，想要改變的，是這個因為受了傷，而影響到現在的生活的自己。

想要理解自己的傷痕從何而來，想知道究竟是哪裡在隱隱作痛，童年創傷甚至還變成了潛伏的症狀，時不時會破壞自己想要追求更好人生、建立更好親密關係的憧憬。

有些錯誤就是應該要被提出討論，受了傷的人，如果只去掩飾或者是自欺欺人地表示傷口不存在的話，是不會真正痊癒的。

說到「父母也是人」這件事情，我總覺得，其實沒有比孩子更了解的了。我自己也是父母，時常可以感受到，孩子對我不夠理想、不夠完美，一點都不像他在童話或繪本裡看到的那些理想媽媽的一面，是如何地包容。

孩子有天生的判斷力，可以去判斷書上或電視上看到的，那種彷彿二十四小時都在為家裡忙碌，永遠穿著圍裙，卻又從來不會在面對孩子時失去耐心、好像興趣就是為孩子讀童話和帶孩子出去玩的媽媽，其實並不是現實中的媽媽。

現實中的媽媽有自己想做的事，可能是沒辦法，或者是有時候也真的是不想把自己的願望擺在孩子和家庭之後，感受到責任而不得不這麼做的時候，內心也會有怨言或矛盾。

明明是愛孩子的，卻沒辦法享受每個為孩子放下自己的時刻，沒辦法總是視其為一種光榮，而會感覺到身為獨立個體的一部份自己，好像在成為母親的過程中被抹煞了。

愛裡面可能充滿矛盾，母親的愛是在愛自己和愛別人之間最極致的掙扎，在成為母親之前，只體會過對父母或者對戀人伴侶的愛的我，從來無法想像有這樣極致的，會願意為一個人獻出一切包括生命的衝動，只要他們需要，我會想這麼做，但是，這又並不表示我在每一天的生活中，總是能每件小事都做到以他們為優先，以他們的快樂作為我唯一的快樂。

我會煩躁，想做的事情一直因為母職被打斷也會覺得失落，和他們相處不愉快時也會覺得自己在壓抑脾氣，甚至也會覺得後悔，懷疑自己是不是太高估了自己才選擇生小孩。

我是一個普通人，和孩子相處會有人我之間的衝突和摩擦，會有疏忽或無心傷害，但是，我相信這些事情，孩子都是能理解的。

孩子看待父母的眼光，就跟父母看待自己孩子一樣，有時覺得「自己的」就是最好的，戀戀不捨的不想分開，但是有時候，又會覺得對方相處起來非常辛苦，也會渴望逃離。

也可能會因為對方的存在感到壓力，世界上沒有一段關係是完美的，但是那並不表示可以用來輕輕帶過，有些父母並不是真心愛孩子這樣的事情。

父母是人沒有錯，但孩子也是人，孩子的心也是肉做的，也不是聖人或上帝聖母，不應該要求孩子接受父母一切的錯待，把施加在自己身上的傷痕都視為理所當然。

我們從什麼時候開始，用「父母也是人」這句話，來強迫每個孩子或成人，在提及自己因為父母所受的傷時，立刻就要打住話頭，把想說的話都吞下去呢？

不要再提過去的傷害，甚至現在的傷害也要絕口不提，因為「父母也是人」。這樣的論述當中，不被當作人看，而是被假定能夠獨自一個人消化這些傷害直至復原的那一方，難道不就是孩子嗎？

我時常心疼這樣的孩子的孤獨，即使他們已是成人，只是想要說出自己以前沒有能力分辨，而現在終於有能力分辨那是一種錯誤的受傷經驗時，就會被說「都這麼大了還舊事重提」。

好像不能包容父母的錯誤就是不成熟、不算「長大成人」。

他們在做孩子的時候並沒有被允許做個孩子，擁有真正的父母，就是一個照理來說，要比他們更成熟且更能負起責任的成人的愛和包容，一直帶著理應要保護他們的人所留下的傷，孤單地長大，孤單地承受陰影。

什麼時候人們能夠做到，當別人想要訴說童年的痛苦時，單純地傾聽，不去指責他們是「不原諒父母的人」呢？

被父母傷害的孩子，往往在受傷還沒有獲得療癒之前，這個社會就已經急著要他們「原諒」了。

「天下無不是的父母」這句話，是信仰而非現實

在網路上直播的時候，我說了我覺得「天下無不是的父母」這句話是錯的，馬上就引起聽眾反彈。應該說贊同和反對都有，但可能因為我的直播總是同樣想法的人比較多，不贊同的人，是私下傳訊息給我的。

我發現這樣的想法好像很容易引起人心不安，天下無不是的父母，與其說是因為在客觀上絕對正確而不容推翻，不如說，是因為更接近信仰的問題，所以只要有人對其提出異議，就會讓某些人坐立難安。

對我提出異議的人說：「沒有父母不愛孩子。」

我說：「那麼那些虐待、傷害、販賣自己小孩的父母，該怎麼說呢？」

「就算有，也是非常非常少。」

「即使是非常少，也確實存在，這不就表示天下無不是的父母這句話是不對的？應該要改成，雖然說天下無不是的父母，但也有少數例外，不是嗎？」

「不對不對，還是應該說『天下無不是的父母』。」

我們的對話就是這樣的鬼打牆，談到後來，與其說我們在討論現實中發生的情況，還不如說我們在討論各自的信仰，你相信什麼和我相信什麼。

「就算有不愛孩子的父母，也非常非常少」這句話，意思是因為非常少所以可以存而不論，甚至可以當作沒有，就像小數點後面的數字那樣無條件捨去。

但是我卻覺得，只要不是完全沒有，就不能說天下無不是的父母。即使拗口也要改成：「多數父母是愛孩子的」、「多數時候，天下無不是的父母」。

這樣的補充和修正至為重要。愛孩子的父母，並不會因為這句俗諺究竟是怎麼說的，而受到任何傷害和否定，可以很有自信地說自己是多數，但是對於那被一般人認為是「非常少數」，屬於特例的親子關係中的孩子來說，在文字上做這樣的修正和補充，都可能是一種救贖。

因為，即使對孩子犯下罪行、不愛孩子的父母是非常少數好了，他們的孩子，以及這些孩子所承受的痛苦，往往因為是少數，就不被認為是真實。

當我們都相信事情如俗諺上所說：「天下無不是的父母，所有父母都愛孩子」的時候，那些感受不到愛，在親子關係裡備受折磨的孩子，其實也是這樣相信，所以拼命否定自己的真實感受。

這讓他們更難以向其他人求助，因為，當別人是站在父母絕對不會傷害孩子的立場上，以此作為前提在聽他們說話時，他們所說的事情就會被視為謊言、被認定是不真實的。

用多數來否決少數，認定只有非常少、少到「幾乎可以不用討論」的父母才會不愛自己孩子時，我們會忽略掉，即使比例上是少的，當基數變大，這些少數人其實也不是真的那麼少見的事實。

打個比方，假設愛無能、根本不愛自己孩子，只是為了其他功利的目的而生下孩子、或者什麼都沒想就生了的人，只占百分之一，一百人裡只有一個好了。

當數字變成一千人的時候就會有十個，這十個人，就是十個家庭，十個家庭的孩子的痛苦，是我們可以因為占整體的比例很小而予以漠視、直接否定的嗎？

如果我們一開始就實事求是，承認並不是所有父母都愛孩子，也不是所有父母都有愛的能力，那孩子在成長過程中，逐漸理解到父母給自己的不是愛的時候，他也能夠在這個社會上，找到自己存在的位置。

——有和我一樣的人，雖然只是少數，但不是不存在。

——父母對我的不愛，並不是出於我的被害妄想症，而是不容否認的事實。

對創傷的肯定，是我們在陪伴彼此走出創傷，將創傷化作讓自己更加堅強、更為洞察人情的力量時，一個非常基礎而重要的條件。

自己要知道自己受傷了，並且承認這項傷害的存在，同時，也要能找到願意認可自己的受傷，給予安慰和支持的人。

一旦人們都相信天下無不是的父母，用自己身為多數人的立場，去想像那些不是的父母都是極端少數，要不就是孩子的幼稚妄想時，這些已經很不幸成為少數的孩子，他們的痛苦將一輩子有口難言。

說了會被否定、被認為是自己腦袋有問題，是自己在汙衊父母，在父母對他們造成的陰影大到足以被別人承認之前，他們都只能否定自己。

若是父母的傷害始終沒有達到外人認可的「肉眼可見」的程度，就只能一直當作不存在了。

但那樣的痛苦反而最令人憂傷，也最難治癒。

人們會因為自己對父母親情的迷思，拒絕承認某些父母對孩子有害，輕易地判定想要求助的孩子是幼稚無知，察覺不到父母的好意，甚至故意把父母的好意扭曲成壞的。

這樣的說法和指控，我覺得是忽略了一項事實：**在這個世界上，沒有比孩子更需要、也更希望父母愛他們的人了。**

我從自己生養孩子的經驗，還有對自己和身邊人的觀察，知道了一件事，就是無論父母怎麼對他們，孩子都寧願去相信，父母對待自己的態度是出於好意。

簡單來說，比起懷疑，孩子是最希望、也最樂於去相信天下無不是的父母，也相信父母絕對是愛著自己的人。

當他們不得不對這件事情有所懷疑時，最痛苦的是他們。因為那意味著，在這世界上人們都認定最純粹、也最可能接近無條件的愛的一種感情，他們沒有擁有。

條件交換得來的愛其實並不穩定，如果可以選，任何人都會希望自己是被無條件愛著並且接納，質疑父母的愛甚至被父母的不愛所傷的孩子，讓他們作出這樣的質疑，勢必經歷過極大的痛苦。

說出「我覺得父母不愛我」這件事情一點都不讓人快意，孩子總是寧可說：「我覺得他們是愛我的，只是……」用附上但書的方式，來表現自己沒有感受到愛，沒有被愛的信心。

肯定是哪裡出錯了。但必須這樣迂迴、拐彎抹角，費盡心思去美化自己的遭遇時，他們可能會錯過能夠為自己療傷的時機。

孩子在年幼或者是還不成熟、人生閱歷還不夠豐富的時候，確實是有可能誤解父母的愛。

但是，也有可能不是孩子的誤解，而是父母真的不愛孩子，生養孩子只是為了完成任務、養兒防老，或者只是因為不想和別人不一樣，認定人時間到了就是該生孩子。

這樣的人只是把孩子當成自己達成目的的手段，和他們相處時，孩子所感受到的不愛也並非虛假。

如果我們一直要求孩子把一切都解釋成愛，孩子就會以為，只要有愛的名稱，不愛的行為都是可以允許的。

傷害、控制、虐待和利用，這些都不能被指認，不能被如其所是的呈現，而是要蒙上一層「父母肯定愛著孩子，會有這些行為一定是哪裡出錯了」的美化現實的濾鏡，「天下無不是的父母」和「父母都是愛孩子的」這種話，就是這種濾鏡之一。

它讓孩子無法辨識和說出自己遭遇的事情，讓受害者噤聲，加害者依然故我。

改變一句俗諺或者只是說出：我不贊成「天下無不是的父母」這句話，就會引起某些人的不快，好像我冒犯了他人的信仰。

但我總是想說，真的愛孩子的父母以及他們的孩子，完全不會受到這項改變的任何影響，但是如果能做出這樣的改變，把這句話修改得更接近事實：多數父母愛孩子，而少數不愛。就可以拯救很多，為父母的不愛所苦的，孤獨的心靈。

談談《為什麼我們不欠父母》

一件其實很普遍但是很少人會承認的事實是：
很多選擇成為父母的人，
其實不是自己想要成為父母的。

是因為社會集體意識的控制，就覺得自己好像不能沒有孩子。

因為大家都有，又好像有孩子才能證明自己已是大人、已經獨立，又或者，覺得好像要有孩子，自己的老後才有依靠等等，其實出於各項自己認為的不得不然，而半推半就地成了父母。

生個孩子來保障老後、生個孩子來堵長輩的嘴、生個孩子來延續搖搖欲墜的婚姻、生個孩子來讓自己或伴侶「成熟一點」……，各種出於自私自利的動機，許多父母只是不會坦誠地面對自己，也不會將這些動機宣之於口而已。

因為動機不純，後續所建立的關係，即使後來不見得就是無愛，也很難說是以愛為起點，加上又有「天下無不是的父母」、「父母都是愛孩子的」、「生了就會愛」這種幾乎已經變成信仰的社會迷思，讓親子之間的愛，變成一種不是用雙方各自的感受去判斷，而是用社會的輿論來保證的東西。

大家都說有愛，就是有愛，即使孩子在這個家庭裡面，感受到更多的是父母對他的不愛和控制，別人也不會允許他說出來，甚至，也不允許他在自己心裡有那樣的感受和懷疑。

父母對孩子的愛是與生俱來，人皆有之這樣的說法，一方面否定了那些不被愛的孩子的真實感受，另一方面，也保護了那些其實並沒有發展出愛，自始至終只是透過生養孩子來達成自己目的的父母。

因為人們都相信父母對孩子的愛是與生俱來，原本自私的動機就可以被忽略，雖然說人是很複雜的生物，即使一段關係的起點是出於自私，也不表示後來不會發展出無私的愛，但是，確實也有一些父母，因為對自己的自私缺乏反省，也不認為有反省的必要，養的恩惠大於天，就把孩子帶入了一段純粹的交換關係。

交換關係只會令人感到沉重，難以感受到愛與被愛的幸福。

曾經有一本書叫做《為什麼我們不欠父母》，一出版即引起話題，肯定是有很多人，很想知道怎麼從和父母的交換關係中獲得解脱吧。

「身為孩子，我們永遠虧欠父母」，這種説法已經聽得太多，畢竟父母給我們生命、讓我們活下來、養育我們、讓我們擁有能夠獨立生活的能力和條件……，我們好像每個人生下來都「欠父母」。

如果能夠形成一種善意的循環，父母愛子女、子女愛父母，彼此都自然地為對方付出的話，不知道有多麼圓滿。

但是有自然達到某種平衡的關係，就一定有當事人覺得不平衡的關係，有些父母需要的經濟支持和情感支持好像沒有上限，只要孩子沒有讓他們滿意，就會被父母指責：「我生你養你，你就這樣回報我？」

父母給的好像是幾輩子都還不完的恩情，讓孩子無論再怎麼努力，也會時常因為父母總是有所不滿，就覺得自己是個不知道感恩、不配活在世上的人。

連對到底要回報多少這件事情產生疑惑，罪惡感都會油然而生，但是當父母的期待和要求超過了孩子所能負擔，甚至，是以孩子的整個人生作為回報的時候，兒女要不感到疑惑是不太可能的。

如果一出生就是虧欠，隨著時間過去，還只會越欠越多，那所謂的父母和子女之間的親情，被相信是普世既存的父愛和母愛，又是什麼呢？

愛是一種純粹的交換關係嗎？

愛孩子的人，會樂於看見孩子變成自己的債務人，而自己是債權人嗎？

在交換關係中，唯一的原則是等價交換，我給你這個，你必須要給我價值等同於此的事物或服務作為回報，但是，當等價的評判標準是純粹主觀的，也就是說，孩子給予父母的，父母覺得是否對等，其實並沒有一個客觀標準的時候，有可能，永遠都不會是讓人感覺公平的等價交換。

對於慾望無限的人來說，就變成對方永遠都欠自己，而自己永遠都不平衡。

如果沒有辦法調整期待，希望對方過得比自己更好，而是永遠都希望自己得到更多，否則就覺得自己虧了，那這種交換是不可能達到滿足的。

身為父母的我在思考這個問題時，其實可以清楚地察覺到，我不希望孩子覺得對我有所虧欠。因為成為父母是我自己的選擇，孩子並不是自願地進入這段關係，而我既然承諾了要去愛，就要努力去實踐，這並不是我和他們之間的契約，而更像是一種自我要求。

我能體會到的愛，是我在給予的過程中，感受到的快樂和滿足，至於他們的回報，不是我主要看待他們的方式。

我用自己的感受，去體會「欠父母」這件事情，無論我是用身為孩子，還是以身為父母的角色去看待，都覺得**在一段關係裡預設了虧欠，讓人有**

種不自在、不自然的感覺。

難道我們會一邊說著愛對方，一邊希望對方有一天對我們說「這些都給你，這樣我們就兩不相欠了」嗎？

但是談到虧欠與否，指的不就是這個嗎？公平、等價、划算，這指的是回報還多於付出，這些東西和人在愛當中感受到的安心感、幸福感和自我價值的來源，那種不談條件，只要存在就好的肯定，似乎是背道而馳。

《為什麼我們不欠父母》這本書，是從哲學的角度去分析，為什麼父母向孩子要求的那種交換關係，站在契約的立場是不成立的。

簡單來說，就是如果雙方要形成交換關係，最大的前提是雙方必須站在同樣的高度上，平等的，並且條約內容一切透明，共同決定要建立這樣的關係時才能成立。

換言之，如果父母要宣稱孩子虧欠他們，有義務要回報他們，那必須在生下孩子之前，就和一個和自己一樣，有思考能力、獨立判斷的能力的孩子，或者說他的靈魂，談妥條件，約好雙方要進入這樣的關係時才能算數。

孩子單方面地被生了下來，並沒有事前同意，要為了被生下來而用自己的什麼作為條件交換，所以像這樣，父母給予孩子的，其實是更接近於贈與而非買賣，是沒有立場向得到這些事物的孩子要求回報的。

我看著覺得很能夠認同，就像我自己看待孩子的時候，也會覺得是我想要孩子才生下他們，他們並沒有虧欠我什麼，但是也可以猜想，因為書名而買下這本書的讀者，可能還是會覺得，沒有從書中得到理想的安慰吧。

因為會想知道為什麼自己不欠父母的人，可能就是沒有辦法逃脫，在現實生活中，父母對於自己索求回報的壓力啊。

那份想要自由，不想在親子關係當中，過得像是欠債一樣的心情，可能很難從純粹的哲學、法學的討論中得到安慰，就算用這本書的論點去向父母提出反駁：「我又沒有要求你生下我」，父母也不會因此鬆口，反而更有可能因為孩子透露出想要擺脫壓力的心情，而更強力地指責孩子真的是不知感恩的壞孩子吧。

因為不能滿足父母的期待，就被認為是道德有虧的人，與其說是想找一個論點來證明自己並不是那樣的壞，父母指責的虧欠也不成立，還不如說，是遺憾自己得不到父母真實的愛吧。

因為**真實的愛，一開始就不是債權人和債務人的關係**。

在父母評價孩子是不是一個「優良債務人」的時候，那份愛就已經證明其不存在，而身為孩子的一方真正在乎的，也不是證明自己沒有虧欠，而是，還是希望父母愛自己吧。

希望父母給予的，是不同於交換關係的愛。

也想知道為什麼形成了這樣的交換關係，為什麼自己在應該要有愛的親子關係裡，總是被指控回報的還不夠，得不到無條件被愛的安心。

《為什麼我們不欠父母》是一本好看的書，雖然對不熟悉哲學的人來說或許有些艱澀，但是好看也依然不能否認，愛的失落，沒有辦法用精彩的哲學討論來撫平啊。

「我們以前還不是這樣過來的」這句話，忽略了世代差異

有些父母會因為自己在成長過程中，

受過父母更嚴重的錯待，

就指責現在的孩子太過脆弱、不懂得知足。

他們以前可能被父母體罰，打到骨折瘀青都是被社會認同的「教養」，以前的家庭也可能更加地重男輕女，家中的女兒可能根本沒有辦法接受教育，甚至沒有自由選擇結婚對象的權利。

「在那種情況下，我還不是好好地長大了。」

「以前的家庭更糟呢！」大概就是這個意思。

以上一代或上上一代的眼光來看，我們現在流行的心理學知識，特別重視家庭對一個人的人格養成以及後來人生的影響，就很有可能會得出以下這樣的結論：

「現在的孩子只知道責怪父母，長大不就是要自己負責？」

「過去的就應該讓它過去，都是現在的孩子太脆弱了。」

但是，我卻覺得在這樣的說法裡面，忽略掉現在的孩子，包括正邁入中年這個階段的成人，其實是和上一代、上上一代在很不一樣的環境下成長的。

以前的社會裡家庭關係緊密，但是又不是現在主流的核心家庭、小家庭的形式，而是更接近所謂的「家族」，裡面有父母、父母的父母，叔伯阿姨，甚至連表親或堂親都可能住在隔壁，每對夫妻生育的子女數也不少，在面對父母時，自己往往不是家裡唯一的、或者是唯二的孩子。

而且大家庭同住一起，或者是和親戚都住得很近、互動頻繁的意思就是，在孩子的眼中，有類似或等同於父母地位的成人也不少。

以我自己的父親為例，他在有六個小孩的家庭中長大，同住的除了他的父母親，還有爺爺奶奶，還有父親的伯父和妻子兒女，就住在三間房子相連的三合院，平日大人們也都在稻田和果園裡工作，孩子們吃住也幾乎都在一起的。

身為孩子的地位是低的，在那樣傳統的，親子之間就是上下關係的家庭當中，孩子沒有權力去反抗父母，但相對的，因為孩子多、食指浩繁，父母也沒有時間心力把每個孩子都綁在身邊，孩子等於是被放養，很小的時候就在父母看不見的地方，用自己的眼光去看世界。

自己的父母可能感情不睦，但別人的父母可能不是，在那個親戚和鄰居都往來頻繁，拿一雙碗筷就可以在別人家吃起飯、自由地待上一整天的年代，孩子對於家庭的樣貌、婚姻關係，可能是比現在的孩子，還有更多元的想像。

自己的父母雖然是有家庭暴力，稱不上和諧的夫妻，但每天住在一起的伯父母之間則不是、隔壁的鄰居也不是，自己的爸爸雖然會打小孩出氣，說自己是不肖的壞孩子，但在慈祥的伯母、隔壁鄰居的太太眼中則未必，也有可能會心疼地安慰受到父親毒打的自己。當年的孩子，身邊的成人不是只有父母，所以相對的，即使受到父母的錯待，或者是在父母身上看見了不平等的婚姻關係的示範，他還是有機會可以知道，自己的父母和自己所構築起來的這個小世界，並不是這個世界的全部。

父母對待孩子的方式，對孩子的評價和標籤，孩子也還是有機會察覺到那只是父母的看法，不表示這個世界上所有的成人都用這種眼光看待自己。

當然，我說過去的孩子因為在大家庭當中長大，和現在的小家庭的形式相比，或許有更多機會走出家庭的負面影響，也只是機率而已。我並沒有否定當時那個年代，有許多受到父母嚴重傷害，無法走出陰影的人，但是因為基本的社會條件不同，父母對孩子的影響，特別是負面影響，對孩子造成的那種彷彿無所不在，無法逃脫的情況是不同的。

就像日本作家中脇初枝的小說《你是好孩子》所描述的那樣，孩子的成長過程中，每個接觸到的大人都可能是他獲得拯救的契機。

這本書由好幾篇短篇小說組成，共同點是書中的大人多半沒有非常理想的父母，有人被父母虐待，也有人被父母忽視，但是能走出那樣的陰影而找回自我價值，說出自己的傷痛，而且不再用那樣的傷痛去傷害自己或他人，關鍵就是「父母以外的大人」。

在孩子因為父母的錯待而動搖，隨時有可能走上歧路的時候，有另一個大人跟他們說：「你是好孩子。」對他們的人生會有不可思議的影響力。因為孩子總是會把父母對待自己的方式，視為判斷自己存在價值的依據，所以一旦父母的方式是錯的、殘忍無情的，孩子就會覺得是自己沒有讓父母正確對待的價值，自己不是個好孩子。

看著父母的婚姻充滿衝突、沒有能力去幫忙挽救，做不成拯救者的孩子也會責怪自己，有些父母總是推卸責任，對孩子說：「因為你，媽媽才過得這麼不好」，或者是「因為妳，爸爸才必須跟那種女人結婚」，孩子因而認定自己是讓父母走不出痛苦婚姻，活在地獄中的元凶，這時，比什麼都珍貴，能夠拯救孩子的一句話就是：「你是好孩子。」

我們現在的社會，之所以更加地強調家庭、強調父母的對待對孩子的影響，不是因為孩子比上一代孩子更脆弱、更喜歡把錯全怪到父母頭上，而是實際上，孩子從小接觸到的世界，其寬廣度不同，能夠和其他大人相處、去體驗別的家庭的生活的機會也大幅縮限，換言之，當父母錯待他們時，能接住他們，不讓他們將父母視為唯一正確的成人，出現在他們身邊的機會也一樣是變少了。

每個家庭都是衛星式的育兒，這意味著每個家庭都相對孤立，孩子與父母相處的時間大幅增加，脫離父母，和其他成人相處的時間是相對較少的。

這也讓他們受父母影響特別深刻，一旦父母對孩子的方式是錯待，孩子也很難有暫時和父母保持距離，在另一個能正確對待他們的大人身邊獲得喘息的機會。

加上少子化的影響，每個孩子在家裡都可能是唯一或唯二的孩子，這也表示和他們同樣輩分，在家等於是無還手能力、只能被動接受父母對待的同儕人數也變少了。

像我父親家中就有六個孩子，這還沒算進時常在一起的堂兄弟姊妹，真的算進來可能會超過十個，那很自然地，我們也可以想像，當他被長輩隨意發洩脾氣的時候，他也不完全是孤單一個人。

很有可能有其他的孩子同樣在承受這樣的待遇，雖然父母的錯待，擺在哪個世代都是不對的，但是那無人理解自己、只有自己是唯一被這樣對待的人，現代核心家庭中孩子的無助和痛苦，絕對是比擁有同儕的孩子更嚴重的。

孤立，是現代社會的孩子更難走出父母控制和傷害的緣由。這份孤立是因為家庭組成方式的改變，換言之，是社會環境的變化。

我們什麼時候能夠不輕易地斷言，是現在的孩子太脆弱，指責受害者自己不夠堅強，而能夠更加慎重地看待父母對孩子的影響，是如何延續到成人呢？

看著那些在討論什麼是對孩子的錯待的網路專欄底下，總有人嗤之以鼻地說：「哪有那麼嚴重，我們以前還不是這樣過來的！」我就會想，但是時代已經不同了。

說這種話的人，就是沒有意識到現在的孩子與父母之間的關係是多麼緊密，甚至是封閉，這讓他們在視野的廣度上是多麼不同。

每個時代都有它的幸與不幸，現在的孩子也許生活富裕，因為孩子少，資源更集中，但是要說那就表示孩子擁有更多能夠讓自己堅強起來、得以分辨父母的對錯並從中保護自己的支援，那就是兩回事了。

意識到不同時代下社會環境的差異，能讓我們免於譴責受害者的迷思，能夠看到真正需要解決的問題，我們該做的並不是指責孩子的心靈太過脆弱，批判他們為什麼不能像上一代一樣，在被錯待時，自己走出父母錯待的陰影，而是要去創造一個，能讓更多孩子發展出堅強心靈的環境。

「女兒就是比較貼心」這種說法是對所有女性的枷鎖

電影《媽媽咪呀》有一首歌，是梅莉史翠普飾演的媽媽，看著即將披上婚紗的女兒，回憶起母女的相處時光，含著眼淚帶著微笑唱的。

「手上提著書包，她在晨光中出門，對我揮手說再見，臉上是漫不經心的微笑，我感覺我即將要失去她了，那些不復返的時光……」

我在電影院看到這段時跟著落淚，但不是想起母親和自己的相處，而是感傷地想，真好，有這樣溫柔地惦念著女兒的母親。

韓國電視劇《告白夫婦》裡也有一段，母親在知道女兒其實是從未來穿越回來的，而且在那個未來裡自己已經因病離世，就因此躊躇不前，捨不得回去時，抱著女兒說：「孩子沒了父母還能長大，但父母沒有孩子，可是會活不下去的。」鼓勵她回去守護自己的家庭。

身為母親一定很捨不得吧，放開女兒的手也會很傷心，但還是要祝福她走上沒有母親的道路，因為人生終究是要自己獨自走的。

我總是會被這樣的母女情懷感動，在看多了世間母女的相愛相殺之後，更覺得能建立起這樣的關係真好，雖然有母女終將分離的惆悵，但是卻又不悔。

在朋友的婚禮上，也曾親眼見到朋友的母親，一直緊抿著嘴唇無法露出笑容，不是因為不滿意這樁婚事，而是擔心，離開自己的女兒，究竟能不能從此過上幸福的生活。

因為同是女性，知道女性要追求幸福，絕對有很多不同於男性的挑戰吧。母親看著女兒的眼神彷彿寫著千言萬語，和興高采烈在為兒子成家而高興的親家完全不同。

「難過的時候隨時可以回到媽媽身邊」，朋友因為母親在幫她整理婚紗時悄悄地對她這麼說而落淚，我們在一旁聽見母親的悄悄話，也跟著落淚了。

感動的同時又覺得感傷，因為知道，這並不是世界上唯一一種母女關係。

世界上有多少母女，就有多少種不同的母女關係，所以並不是每一對母女，都能像電視電影，或者朋友婚禮上的那個樣子，有些母親是把這樣的關懷和愛意，都只投注在兒子身上。

女兒變成家裡無聲無息的影子，父母對她不是付出關愛，而是要求她對家庭付出關愛。

對重男輕女的父母來說，女兒的價值建立在她能為家庭付出多少，除卻這個部分，她就是可有可無。

嫁出去的女兒是潑出去的水，這水不能再滋養家庭而因此失去了價值，但是在需要的時候還是會向女兒求助，特別是，當兒子對家裡沒有扮演理想中的支持，而是不斷向父母索討的時候。

我們常在身邊看見這樣的故事，因為重男輕女而把兒子寵壞，父母年老時只有女兒在身邊，而得到父母許多照顧的兒子，卻只是久久回來探望一次。

人們看了總是說，這是因為男女天性的不同，還是女兒比較好、比較貼心、比較重情。

但我不覺得是如此。

在這種顯然是因為重男輕女，反而把兒子寵壞的家庭當中，女兒為父母付出，或許是因為她們心中也有想要藉此證明什麼的動機。

從小看著父母對兄弟特殊待遇，就會想讓父母知道，比起理所當然地享受著家裡的資源、得到最多關愛的哥哥或弟弟，其實自己才是那個更懂得知恩圖報，更值得父母關愛的人。

是看著父母對兒子的付出感到不平，卻又做不到被父母真心換絕情時置之不理，就只能希望，至少，父母看著自己的付出和對家庭無悔的照顧，能夠有那麼一天，說出「果然還是妳比較好」吧。

只是因為身為女性，就被父母認為是「不夠好的」，就算功課好、出社會後也出人頭地，還是有很多父母會覺得，身為女性本身就是一種限制和可惜。

要向父母證明自己不是一個遺憾需要更多的努力，期盼父母能多給一點愛、一點肯定的時候，就只能自我要求，要比不負責任的兄弟付出更多了。

如果父母真的會有感而發，對不離不棄的女兒表示感謝也就罷了，但是許多令人感傷的真實故事，是這些父母一輩子都只惦記著兒子。

女兒因為一直在身邊照顧反而被使來喚去，也會被批評身為照顧者，還有許多地方做得不夠好不夠貼心；偶爾出現一次的兒子就像永遠的寶貝，不只是捨不得說他一句，女兒如果對手足有所怨言，還會被父母責備怎麼這麼愛計較、不懂事。

聽見「他在外面工作也很辛苦啊！」「他那麼忙，本來就是有空的人多做一點。」「他也有自己的家庭啊」……這類的言語，如果女兒想要提出反駁：「難道我就不辛苦嗎？」父母就會突然轉移話題。

「怎麼用這種態度對父母說話」、「孝順父母本來就是應該的」、「還不是把妳照顧得這麼大了」……。就這樣，父母隨時可以援引不同的道理，無視女兒所訴求的，其實不是自由而是公平。

——想要公平地被愛。

既然和兄弟一樣，都是父母的孩子，就想和他們一樣被父母所愛，但是父母好像既做不到公平，也意識不到自己對待兒女的差別。

對他們來說，兒子是付出的對象，女兒則因為性別，理所當然要做家庭的照顧者。如果照顧的是夫家，或者是跟自己不同姓的外孫，有些父母就覺得自己生養女兒是虧了，女兒養大了是別人的，但是即使女兒照顧的是原生家庭，重男輕女的父母，也還是會覺得那是理所當然，並不會有任何心疼和感激。

因為兒子是男性，就像那些做父親的，只要偶爾帶孩子就被認為是很棒的爸爸一樣，孩子長大後對原生家庭的回饋，也有許多父母認為，是女兒應該要付出多於兒子。

在對女兒的差別待遇背後，其實和整個社會對母親的剝削是同樣的邏輯，因為是女性就被認為要無條件地為家庭付出，想要被感謝或得到回饋，就會被認為是斤斤計較、是不應該有的貪欲和私心，相對的，男性為家庭做的，就算再少也是值得嘉獎，好像那已經超乎期待，也超過他應盡的責任。

每次想到這件事情，我就會想，那些總是被外人讚美：果然還是比較貼心、比較孝順的女兒，在家裡面對的，其實是認為這些都是「理所當然」的父母，還有不需要多做什麼，偶爾一通電話，就能被父母讚美「很乖很孝順」，從父母那裡得到更多資源的異性手足，她們的內心該有多麼挫折和寂寞啊。

想用付出來證明自己是值得愛的，好像只會證明自己在別人眼中，是多不值得愛而已。

真實的愛是由心疼和祝福所構成。父母心疼兒子的辛勞、祝福兒子在外發展，卻要求女兒必須要在身邊照顧他們，任勞任怨，做可能已經無法照顧家庭的母親的替代品。

兩性不平等就是在這種細微的地方代代相傳，又被包裝上了「女兒本來就比較貼心」、「是父母的小棉襖」這類美化的說法和迷思，看似在讚美女兒，卻是在合理化家務和情緒勞動總是分配給女兒比較多的事實。

在重男輕女的家庭裡，身為女兒的寂寞，是永遠無法像兒子那樣被愛，因為和母親一樣是女性，就被要求一輩子當無條件付出的照顧者。

這樣的故事真的太多了，也有母親，自己已經是這種性別不平等結構下的受害者，卻依然將這種不平等代代相傳，把試圖打破限制的女兒視為眼中釘。

只要女兒不願意無條件付出，就會指責女兒自私自利。絲毫沒有察覺自己也是女性，在對女兒和兒子有差別待遇的時候，就等於在女兒身上複製了自己曾有的痛苦。

我們如果再不假思索地接受社會迷思的洗腦，相信女兒就是和兒子不同、就是比較貼心、比較會照顧父母的話，女性在這個社會，就無法得到和男性同等的尊重，無法擁有充分活出自己的自由。她會一直被要求扮演某個家庭的無私照顧者，直到她年老無力。

會在女兒婚禮上心疼地看著女兒的母親啊，那份心疼是對同為女性，知道要活出自己是多麼不容易，而終究必須自己獨立去奮鬥的女兒的心疼和不捨。

我們應該時常讓這份心情引導自己，身為母親，就鼓勵女兒去做自己想做的事、為自己的付出爭取合理的回報，無論是物質還是感情。

承認來自父母的傷害，是開啟療傷之路的唯一途徑

——來自父母一絲一毫的自殺念頭都能觸發我。

——我必須不斷地乞求我父母相信，他們是被愛的。

——神啊。我求祢，求祢讓我能夠讓爹地和媽咪開心。

——**《我的骨頭知曉一切》**

在閱讀《我的骨頭知曉一切》這本書的時候，我好幾次必須掩上書頁，深深嘆息。好像連深呼吸也無法平復我內心被勾起的情緒，那是比感傷更進一步的，覺得把自己的某個部分，和書中作者陳述自己童年的經歷，還有她成年後，試圖回溯並治癒童年傷痕時的遭遇和想法，不可避免地重疊在一起。

感覺好像有一雙手，伸進了我的內心深處，把一個至今仍跌坐在地，不知所措的小孩，握住了手腕把她拉了起來。而我一直對這個孩子的存在有所意識，卻更強烈地意識到，我不能時常去感受她的存在，否則，有些表面上和諧的關係，就會連表面的和諧都會變得困難。

我們該怎麼平衡過去的傷和現在的平靜生活，怎麼面對曾經傷害我們，但又和我們糾結在一起的人？平衡，有可能做到嗎？放下或釋懷，真的如他人，特別是沒有這類經歷的人說的那麼容易嗎？

我想就是因為不容易，許多人才一直關著自己內心的小孩，就像《我的骨頭知曉一切》的作者，成年後忙於工作、追求成就，但所有忙碌和「試著過得和別人一樣」的奮鬥，都是因為她不能夠面對獨處時，可能會從內心浮現的，過去曾經受虐的童年陰影。

人可以不面對自己的陰影，陰影卻不會自動消失，她工作上無法承受會讓她聯想起父親的人的指責，感情上無法相信自己不會被背叛、被拋棄，她會在某些場合和情境下變得易怒，但那種憤怒是來自過去——弱小的孩子被父母控制和利用，那份傷心的一種有刺的偽裝。

她的父母婚姻失和、對人生不滿，於是反覆以自殺威脅她、要她下跪、道歉，指控她造成他們人生的痛苦。這些經歷導致她得了複雜性創傷後壓力症候群，就算她成年後擁有別人稱羨的一切，仍然沒有辦法把自己從童年時經歷的地獄拯救出來。

父母不間斷的言語和肢體暴力，反覆威脅她要將她拋棄、要她感恩得到的物質生活，吃穿住和教育上的栽培，長大後又否定過去曾經造成她的傷痛，無法否定的部分，則痛斥孩子「執意追究過去」、「只記得壞的部分」。

她想了解自己並療癒自己的過去，但是在尚有聯絡的父親的口中，她對往事的追溯，好像只是再次證明了她是那個「不知感恩」的孩子。父母只想讓一切都過去，享受現在的和平和幸福。

我相信我們之中大部分的人，看著這本書都會覺得自己的家庭還算普通，但是只要有一點點類似的經驗，即使程度完全不同，這本書還是有可能喚起很多脆弱的感受，讓人必須好幾次停下來，深呼吸，忍住眼淚，覺得自己需要一個安全和溫暖的擁抱，要有一個人在你耳邊說「你是值得被愛的」。

也有可能是反過來，就是因為現在在一個溫暖安全的環境下，聽見有人對你這麼說，才會更容易痛哭出聲。

因為有類似經驗的人會被這樣的感受提醒：當自己還小的時候，是多麼渴望能在父母身邊得到安全感，但當時就是沒有辦法得到，現在也已經太遲了。

對於童年生活，有些人只記得溫暖和享受當個孩子的回憶，有些人則相反，想起時，只覺得需要哀悼且充滿遺憾。

孩子會過上什麼樣的生活，基本上完全不取決於自己，而是取決於父母。而在那個階段，孩子是無比脆弱，卻又無比強大的。

我所謂的強大並不是指他們能吞下父母給的所有苦楚，而是說他們那份要為自己的父母承擔責任、代替他們維繫整個家庭，甚至是維繫婚姻關係不讓它支離破碎的那份決心和努力，和放棄去改變自己的軟弱的父母相較，真的是太勇敢，也太堅強了。

但還是不能改變他們是脆弱孩子的事實。

孩子的脆弱是全方面的，不只是因為他們的生命、生活所需都仰賴父母，也因為他們對家庭以外的世界無知，會完全接受父母對事物的解釋。

所以當父母出於自己的需要而貶低他們、指責他們、否定他們的價值時，他們會照單全收，為父母被愛和被重視的需求而服務，卻不知道如何照顧自己被愛和被重視的需求。

當父母把自己呈現為「這個家裡最脆弱、最痛苦、也最值得同情的人」的時候，即使他對孩子做的事情就是一個加害者，孩子也會認為自己才是壞人，努力想彌補自己的錯誤讓父母滿意。

就像《我的骨頭知曉一切》的作者的經歷，母親因為生活壓力而對她惡言相向，拽著她的頭髮在地上拖行，同時間尖叫怒吼：「都怪妳！妳是這麼壞的孩子！」

她就哭著向母親道歉，覺得一切都是自己的錯，是自己惹怒了母親。

孩子就是這樣沒有判斷是非的能力，會全然接受不負責任的父母卸責，覺得自己才是那個「害」母親這麼生氣，氣到必須行使暴力的壞人、壞孩子，孩子會把父母的崩潰和家庭的崩壞，都認定是自己的問題。

當這樣的孩子長大後，即使他足夠幸運，能夠意識到是父母對待自己的方式不對，自己其實是無辜的，療傷的過程也還是困難重重。

複雜性創傷後壓力症候群，會讓他在各種不同的情境下受到觸發，變回那個脆弱、憤怒、傷心，又急於要保護自己的孩子，即使試圖要去理解是哪些元素觸發了自己，也會因為能夠勾起創傷的因素實在太多，難以一一辨識和重新塑造能讓自己有安全感的經驗。

同時，來自身邊人的不理解，以及始作俑者——他們的父母，幾乎沒有可能去扮演他們追求療癒時的助力，多半只會造成二度傷害，在孩子還小時就不在乎他們感受的父母，在孩子成年後，更會為了維護自己的自我感受和面子，對孩子展開進一步的攻擊。

我們的文化傳統中，不管是東方還是西方，共同點是強調你應該讓不好的事情「過去」，特別是，當這些事情發生在親子之間。

而所謂的過去指的就是「不要再提」，把注意力放在眼前的目標，追求可見的成功。

但是符合世俗定義的成功，往往只能讓自己「看起來好」，卻不能掩飾內心的傷痕累累，也不能加以治癒。

「只記得不好的事情」，作者在處理她的複雜性創傷後壓力症候群的時候，曾被父親這樣指責。應該很多有童年陰影的人，都被父母這樣指責過吧。

為什麼不能功過相抵？對父母來說，自己把孩子生下來並且養大、受好的教育，就應該要能抵銷所有不好的事情。

但是卻忽略了，功過相抵這件事情，並不是由造成傷害的人來決定，甚至，也不是被傷害的人自己所能決定的。

就算理性上想讓父母功過相抵，想對自己說，養育之恩大於天，父母以前的錯待就讓它過去，不要再提，這些理性上的自我要求，也沒辦法改變自己仍然會為之痛苦的事實。

「過去的事就讓它過去」，這句話人人會說，但這不是想做到就能做到的，更不該是拿來譴責一個受傷未癒的人的武器。

經歷過童年創傷的人，自我療癒的路上最大的阻礙，往往來自父母。

因為會造成孩子嚴重心理創傷的父母，當時就已經不在乎孩子的感受，孩子成年之後，更有可能會指責孩子放不下過去，不夠成熟、對已經年邁的父母窮追猛打。

這種急於否定過去有過不好的事情，或者是就算承認，也不允許孩子再次提起的態度，會勾起孩子很多不被愛的感受，但是想療癒這樣的創傷，就是要先學會接受，自己不被父母所愛的這項事實。

只有先承認這是事實，放棄去改變對方的想法，才能夠做到好好哀悼，把注意力放在療傷，而不是徒勞無功地想和不可能認錯的人取得共識。

很多人的自我療癒之路，就是在這個階段卡關。

因為比起接受「父母不會愛我」這個現實，幾乎所有孩子都寧願相信，是因為自己不夠好，才不被父母所愛——只要自己更努力，變得更好就可以了。

愛麗絲・米勒在《幸福童年的秘密》裡曾經說過，許多有童年陰影的人，其實成年後都表現得非常優秀，不像一般人想像的那樣，因為受過深重打擊而變得頹廢喪志。

奮鬥，是因為他們想藉由追求成功，來證明自己並不是父母口中那麼差勁的人。

外在的榮耀和讚美，會變成他們得不到無條件的愛，所唯一能爭取的一種替代性的補償。

但是讚美並不能取代真實的愛，因為讚美是有條件的。

所以這些人很多都快樂不起來，明明擁有很多卻還是覺得憂鬱、空洞、沒有意義感，一旦工作或生活，或者別人的事情不足以讓他們忙碌，那份努力了半天還是得不到愛的悲傷就會席捲而來。

世俗意義上的成功，往往是來自情感缺憾的動機——要讓父母愛我，我必須要非常優秀才行。

除了世俗成就之外，也有人是因此自我要求，要作感情關係中「非常非常好」的人。他們可以無條件地為別人忍耐和付出，甚至不惜貶低自己的價值，在一個不好的環境或伴侶身邊堅守，只是因為從小在父母口中，他們是不知感恩、無法為別人付出的人。

為了要證明自己不像父母所評價的那樣，他們會緊抓著別人給的一點恩惠，努力忽略自己所受的更多打擊。

不談過去、不談創傷，把目標放在追求眼前的成功、或者更積極地經營人際關係。這是我們這個社會，要求受傷害的人努力做到的事。

好像如果受過傷害依然表現得樂觀開朗，甚至得到世俗意義上的成功，就表示創傷已經被「克服」、被擺脫，實際上受傷的痛苦和後續效應都留在我們的潛意識和身體裡。

身體不會接受道德的束縛，身體是誠實的、不會偽裝的。愛麗絲・米勒這麼說。

我們的創傷經驗會留在大腦裡、留在身體裡，甚至，在看了關於複雜性創傷後壓力症候群的書我才知道，這些創傷還會傳承給下一代，讓自己和他們，都在不知道為何被觸發的情況下，被觸發恐懼和壓力。

這就是對過去避而不談，「現在好就好」、「記住那些好的地方」、「讓壞的事情過去」所必須付出的代價，有些人就這樣被背負著的代價擊沈，永遠無法明白自己為何輕易感受到憤怒、傷心和恐懼。

要去接受並承認，自己被應該要愛著自己的家人所傷害並不容易，但是如果沒有試著去做，這樣的傷害就永遠不會結束。

血緣是偶然，感情是緣分和努力。

我時常想，我們對血濃於水的美好想像如果不要那麼多，而更加相信感情需要誠意經營，愛一個人，需要責任感和決心，或許能夠面對自己的童年傷痕，為自己好好的哀悼並療傷的人，就會更多一點吧。

理解自己和照顧自己，不表示對生養自己的家庭不知感恩，真正愛你的家人會希望你獲得真實的平靜，給予你面對傷口所需的助力。

在父母已經脆弱到不可能去面對自己過去的錯誤，甚至反過來進一步作出攻擊的時候，在過去已經被父母傷害過的孩子，希望你們能優先保護自己。

第二章

父母是家人，也是重要的外人

走出父母所傷的陰影，首先要把他們看成「外人」

要到什麼時候，被父母所傷的孩子，

才能夠真的走出父母的陰影，

不再做父母的附和或回聲，成為一個獨立的個人呢？

我們有沒有可能，清楚地分辨自己有哪些想法和感受是被父母灌輸，能夠把那些不屬於自己的部分放下，轉而去傾聽、珍惜自己內在的感受呢？

能不能在自己和現實中的父母之間，或者是，在自己已經將父母的態度內化、重新在內心創造出的內心父母之間，產生意見衝突的時候，能夠選擇勇敢活出自己，不對他們的否定照單全收，陷入自己的感受和想法好像全是錯誤的羞愧和自責呢？

新井一二三的《媽媽原來是皇后的毒蘋果》這本書，寫出了這樣的過程有多麼艱難，做子女的要去否定自己的父母，特別是，做女兒的要去否定自己的母親時，那種痛苦宛如挖去了自己心臟的一部分，但是如果能堅持做到，也能夠在終於做到時感到解脫，從此不再被佈滿尖刺的枷鎖束縛。

失去了和母親的聯繫，不管是精神的還是物理的，人都會感到很孤獨茫然，就像沒有根的植物，覺得自己一直在流浪。但是，一旦意識到並且痛苦地承認了那份和母親血濃於水的親情聯繫，應該由無私的關懷和溫暖構成的連結，原來全出於自己的想像，原本就不存在的時候，也能夠體會到一種身為流浪者的自由和輕盈。

我對書中的很多描述印象都很深刻，但是特別記住的是，作者描述自己生產時，母親那異於常人的反應。母親本來就不是會去關心她的感受的人了，知道她懷孕了，也沒有和她分享喜悅，而是如過去一樣把戲不斷，原本連看都懶得來看，卻在知道親家要來之後提前趕到，表現出自己是疼愛外孫的祖母的樣子。

有沒有演出疼愛女兒的樣子就不知道了，總之，作者在事前接到母親的電話，聽母親冷淡地表態「不要來找我就好」時，說她坐在床邊，安靜地在內心做了一個決定。

母親就是一個愛耍把戲的老太太，一個遠房親戚。

「我跟心中的母親永別。」

一般人可能會覺得，說母親是愛耍把戲的老太太，是什麼汙衊母親的話吧。但是如果全書看完，試著擺脫天下無不是的父母，沒有不愛小孩的父母特別是母親等等的迷思，客觀地去看她的母親的所作所為，就會發現她這句話，單純就是客觀描述而已。

而這樣的描述，對母親做這樣的結語，療癒效果何在呢？我覺得並不是呈現出她從母親給她的傷害中走出復原，而是像一個宣示，她像一個踏上英雄旅程的孤兒那樣無父無母，從此不再期待母親做她理想中的母親。

傷癒，是從承認這個傷害有多深開始的。

母親就是一個愛耍把戲的老太太，不是理想中會關懷她、會在乎她感受的那種普通的母親，可以像這樣把母親的所作所為，和血緣上「她是自己的母親」這項事實分開看待，對於一直無法理解母親的態度，如果要說是母愛的話，未免也帶來太多痛苦和扭曲的孩子來說，是有安慰效果的。

有一種痛苦，是和母親關係很好的人難以理解的。

就是對於並沒有從母親那裡得到應然的母愛，而是一再被母親攻擊、否定，甚至是利用和控制的孩子來說，母親對自己所做的事情，都會因為對方是自己的母親，而有了放大加乘的效果。失望加倍、哀傷和憤怒也加倍，而更深層的痛苦在於，不可避免地會造成自我價值的低落。

因為傷害自己的，竟然是自己的母親。

同樣一件事情如果換作是別人，就像新井一二三經歷到的，母親對她的冷漠和疏離，如果這種態度是來自一個朋友，多半可以淡然處之。

可以對自己說是這個人不好相處、不了解別人的內心、很冷漠、不太關心別人等等，總之，如果對方對待自己的態度有違常理，自己可以選擇不用與之糾結，告訴自己既然和這個人合不來，保持距離就好。

我們在面對一個並非自己父母親的人的錯誤對待時，可以分辨哪些是他個人的行為，哪些是我們自身的問題。

可以把對方有問題的言行和我們的自我價值分開，一旦確認自己問心無愧，就可以淡定地接受世上就是有這種冷漠、不關心他人的人。

但是，一旦對方是父母就不一樣了，**每個被父母錯待的人，就算嘴巴上說得再怎麼看開和釋懷，內心永遠都會有對自我價值的懷疑。**

是不是我有問題、是不是我不夠好、是不是我做錯了而且那份錯誤罪大惡極，所以，世人都說會理所當然愛著自己子女的父母，對我才會是這樣的態度。

因為無法在內心切斷自己是父母的孩子這樣的聯繫，父母的舉動就總是會引起一連串自卑自厭、自我攻擊的連鎖反應，有時明明是性格不成熟、甚至是有病態型人格的父母所做的錯誤行為，卻無法停止「或許錯在我，是我讓父母不能愛我」的自我懷疑，因此走不出父母的陰影。

新井一二三說，她把心中的母親送走，輕描淡寫地描述母親是「愛耍把戲的老太太」，這個稱呼的距離感，其實就是一個長期受到母親束縛，在各方面，從外貌、性格、處事都因此懷疑自己的女兒，從此要走出這項詛咒的一個宣示。

《媽媽原來是皇后的毒蘋果》這本書的書名，我覺得也有這樣的暗示，有些母親從來都沒有成為能夠愛子女的人，而是以兒女為工具，建築起自己的小小王國。

在這個王國裡，母親對兒女的利用會被以善意包裝，即使是出於惡意的批評和貶低，也會說是「為你好」才這樣對你。有些母親以自己為優先的程度，甚至是會操弄自己的兒女，在兒女之間挑撥離間，讓他們彼此無法互相理解支持，只能為了競逐母親的愛，搶著討好母親，把手足視為敵人。

和這樣的母親保持心理距離的第一步，就是改變稱謂，在心裡稱呼母親為愛耍把戲的老太太時，我相信作者一定也感到萬分寂寞甚至痛苦，但是那種痛苦是為了要走出母親掌控的王國，必須要踏上的遍布荊棘之路。

對母親不再有理想母親的期待，從此以後，要以其他人還有自己對自己的看法，取代一直存在於自己內心，母親對自己這個女兒的操弄和否定。

能夠客觀看待父母的言行，真正的去落實「父母也是人」這句話的定義，就是要承認父母子女都不過是人們定義關係、描述關係時的一種角色稱謂，但是**角色以外，永遠都存在有獨立的個人**。

不是被稱為母親的人，就是對兒女有母愛的人，同樣道理，不是被稱為父親的人，就能懂得如何以父愛對待子女。

在父母那邊受傷的子女，必須要把父母看成獨立的個人，允許自己對父母也能就事論事，可以有正常的喜怒哀樂，不因為對方是父母就刻意美化他們的言行、對父母的批評照單全收。保持一定的客觀性，才能讓自己成為一個真正獨立的個體。

就像新井一二三分享的自身經歷，既然母親對她做的事情，真的就是一個愛耍把戲的老太太才會做的，那何妨實話實説呢？何必因為對方是母親，就一定要去假定對方在討人厭的言行背後，一定有良善的動機呢？

世人總是要孩子去扭曲事實，當父母傷害孩子的時候，要孩子自欺欺人地相信，父母給的傷不是傷，而是用尖刺包裝的祝福。

但只要放下父母絕對是善意的這個濾鏡，客觀看待某些父母對孩子的方式時，其實我們可以發現，有些傷害真的就是傷害，自私就是自私，沒有什麼可以美化的餘地。

要受到父母傷害的孩子去相信「父母絕對不會傷害你」，只會讓他們更加走不出被父母傷害的陰影，因為勉強自己去接受，拼命說服自己那些錯待當中其實有愛，反而會讓他們對什麼是愛產生混淆，無法正確地學習到，什麼是出於愛該做的事情。

把父母看成「另一個人」而非自己的父母，要做到這件事情非常困難，卻也是受父母所傷的孩子，特別需要做到的。

因為如果不朝這個方向努力，就只會用自己下半輩子的人生，一直在無解的思索同樣一個問題：既然是我的父母，為什麼會那樣對我？我到底做錯了什麼，到底是多不可愛？多惹人厭？

這些問題基本上都是無解的，因為恐怕就連這些父母本身，也沒有辦法意識到自己對子女的態度有問題，如果是人格有偏差的父母，就更難對自己的異常有病識感。

在不正常的人身邊，試圖去理解、甚至是去追隨他的邏輯時，自己會失去什麼是正常的標準。

只有把距離拉開，精神上的也是物理上的分開，對自己說這個人現在不是我的父母，就是一個有血緣關係的「外人」而已，才能夠客觀的看出，問題可能不出在自己身上，也才能夠保護自己，不被這個人再度傷害。

不愛子女的父母對自己的「不愛」，通常都沒有明確的感受，應該說他們絕對不會承認，自己其實不愛自己的小孩，一定會把自己的不當言行都解釋成是孩子的問題。

因為長久以來，世人都把沒有母愛或父愛，卻還選擇成為父母的人，描述成非常少數、非常特別、異常、冷漠且殘酷的人。

有誰會去承認自己是這樣的少數份子呢？更何況有病態型人格的人，自戀症、控制狂、說謊癖等等的人，是更不會對自己的異常有病識感的。

對子女無愛的毒親形象，被描述成非常稀少、無法理解的外星人或怪

物，與之相對的，則是「所有」父母都愛子女，那份愛是最偉大無私的，一種信仰和迷思，沒有人會承認自己是毒親，毒親也不會意識到自己是毒親，那份父母都愛子女的迷思，也讓其實不愛孩子的父母都有了免死金牌，可以告訴自己和別人，「無論如何」，自己都對子女有愛。

這個意思就是，無論我做了什麼，我對子女的愛都不容質疑。包括傷害、冷漠、忽視或利用自己的子女。

社會多數人不願意相信有異常父母的存在，總是對父母的不適任採取大事化小、小事化無的態度，而異常的人又不會認為自己有異常，反而會洗腦身邊的人，是他們的想法有問題。孩子在這樣的環境下出生長大，接受父母的暗示和洗腦，就更難從父母對他們的否定中走出來，重新建立自我價值。

所以新井一二三那句「老太太」的稱呼，在我看來，即使是輕描淡寫的一句，也是全書非常重要的關鍵。

她對母親的稱呼，從母親，變成外人。

對自己和這個人的關係，也從母女，變成遠親。

從此放下對母親的期待，承認自己其實生來就沒有得到母愛，將來也不會擁有理想中的母親。

因為知道獲得母愛對女兒來說有多麼重要，沒有得到母愛的女兒，內心深處會有多麼孤獨，我看待她的這項決定，覺得那一定是非常艱難而深感佩服。

從此不再追尋不存在的母愛，心情其實是絕望的吧，但是正如所謂的置於死地而後生，在承受莫大的痛苦而決定放下的時候，一定也有一種重獲新生的輕盈。

認為自己永遠是對的，就是在阻礙孩子的獨立

「孩子的成熟」和「自己可以很有自信地說：
自己是很好的父母」，這兩件事情如果只能擇其一，
父母會怎麼選擇呢？

我覺得好像有很多父母會選擇後者，想要做自我感覺良好的父母吧。

我們有一種迷思是，孩子在成熟懂事之後，就一定會回頭肯定父母是「很好的父母」，甚至有一種理所當然的想法是，如果孩子反過來指責父母不對，哪怕只是不做評價，沒有給予父母想要的那種肯定，就表示孩子還「不夠成熟懂事」，所以沒有辦法感恩，這裡說的感恩就是讚美。

然而，事實上，這兩件事情沒有絕對的關聯性。

能夠看出對象在扮演某個角色上的好壞，而不受到自己和對象的關係所侷限，看事情能夠保持客觀的距離，是成熟所必需的能力之一。

但是如果這表示，獨立成熟的孩子，會變成父母最大的批判者的話，或許很多父母都無法承受，甚至會在無意識中希望孩子永遠都不成熟也說不定。

父母害怕自己的權威，或者是良好的自我感覺，會受到孩子的破壞時，就會無意識中希望孩子永遠是不夠成熟獨立、沒有父母不行的人。

但是如果有外顯的幼稚、不成熟的言行，又會被外界認為是父母教得不夠好，才會無法培養孩子成為成熟的大人，所以父母的內心或許有自己也沒有察覺的矛盾吧。

教養得好，給孩子足夠的空間，他會長成一個有自己想法的人，對父母來說是功德圓滿。但是如果那份思考的能力，讓他回過頭來發現父母的錯誤，做出父母不想接受的評論的話，好像又是另外一回事了。

當我翻開自己的日記時發現，我在高中時曾經寫過：父母好像希望我獨立有主見，但是，只要我的意見跟他們不同，他們就會頻頻搖頭，用一種妳什麼都不懂的態度說「大錯特錯」。

就算已經過了這麼多年，那個大錯特錯的語氣和表情還歷歷在目，可能實在發生太多次了，每一次我都會沉默下來，開始對我好像真的什麼都不懂而感到羞恥。

之所以很少反駁，可能是因為，我在面對父母的時候，心情總是跟年幼的孩子一樣，先入為主地相信他們一定是對的。也可能是因為我內心其實知道，反駁只會沒完沒了，我從來不可能說服他們，甚至連讓他們覺得，其實我沒有錯得那麼離譜都做不到。

但我還是感到疑惑，所謂的「父母希望孩子有主見」，到底是不是只是希望孩子主動表達贊同他們的意見呢？

父母渴望的不是孩子對父母無條件的、周遭人都知道是出於年幼而盲從的那種認同和肯定，而是孩子即使成為大人之後，也還是認為他們是對的，幾乎可以取代社會觀感的認同和肯定。

父母為什麼那麼需要孩子的讚美，而沒辦法自己肯定自己，覺得問心無愧足矣呢？

而且那種讚美，還必須搭配服從。我認同你、肯定你、贊成你的想法是對的，所以我會照你的意思去做。

現在的父母已經知道，父母和孩子不應該是上下關係，特別是孩子成年以後，理想的關係應該是兩個對等的成人。

但是理智上知道，感性上，卻很難給予孩子這樣的對等，就變成口頭上強調自己沒有父母的架子，對孩子的要求並非出於權威，只是因為「我是對的而你是錯的」，所以你應該要遵從我。

雖然和藉由權威來控制孩子的上一代不同，但是即使沒有明擺著的權威，在面對孩子時，還是希望孩子主動拿出面對權威該有的態度。

我覺得那就是上一個世代的父母矛盾，有些到我們這一代依然延續著。

希望孩子能做到獨立而且變得成熟，但也希望自己能夠自我評價是很好的父母，而且這種評價還必須透過孩子的順從來達成，那就是許多人不說出口，卻確實存在的願望。

而這種矛盾也會變成孩子的壓力，表面上看起來父母給予選擇，但不能跳出父母給予的範圍，否則對於無法接受孩子持反對意見的父母來說，就會變成一種否定。

要**放下對自我感覺良好的追求，真心誠意地尊重孩子是一個獨立的個人**，我覺得父母要從孩子還小的時候就開始給自己心理建設：孩子會不認同自己的想法，是正常的，也是對的。

因為，自己怎麼可能永遠是對的呢？

沒有什麼比認為自己「永遠是對的」的父母更讓孩子感到沉重的了，既要學著變得獨立成熟，又要學著在父母面前演出「父母永遠略勝一籌」的感覺，即使如此一個成熟的人，還是有可能不小心表現出自己的意見和父母不同，衝突和摩擦永遠無法避免。

父母應該要從孩子還小的時候，就練習習慣被反對，要知道意見就只是意見，站在不同的角度，觀點隨時有可能轉變。不同想法要能夠交流互動，要讓彼此都覺得受到尊重，就是必須雙方都不認為自己「絕對是對的」。

孩子還年幼時，對父母幾乎是無條件地認同，即使表面上會叛逆會頂嘴，內心也會因為和父母對立而遲疑。在他們還需要照顧時，父母更有可能因為自己是照顧者，雙方能力不對等，而要求孩子的順從。

但是，如果真的希望孩子長成獨立的個體，發展出自己思考、做出選擇、為自己負責的能力，**父母就不應該以孩子對父母無條件地認同，當成自己做父母唯一的價值感來源**。

因為孩子和自己有不同意見的一天終將到來，父母要學會肯定自己，不盲目服從對方，也不要求對方盲目服從。

最難向他人說明的痛苦，是擁有自戀型人格的父母

什麼樣的父母是最讓孩子有苦說不出的呢？

我個人認為是自戀。

比起可見的肉體上的虐待、精神上的虐待，和自戀型人格的人相處，甚至是成為家人，無論是伴侶或親子，都是讓人的痛苦變得非常難以讓外人理解的事情。

因為這類型人格的人多半非常有魅力，固然也有一些人不擅長對外表現，但是自戀型人格合併有戲劇型人格的人，多半很懂得向他人展現最好的自己。

他們有一個獨特的世界觀，在那個世界裡自己是矚目的焦點，孩子或伴侶當然也會是他們關心的對象，但是他們關心的方式，永遠都像是自己是恆星，而作為行星的其他人，理所當然要以他們為中心打轉。

很難讓外人明白這種痛苦，除了他們總是能說服別人自己是對的以外，另一方面，就是從外人的角度，可能很難看出在一個家庭裡面，有多少人是為了不受傷害，才對自戀型的人作出配合。

如果不高興就拒絕啊？他／她也是為你好不是嗎？

看著自戀型的人與伴侶、孩子相處的態度，外人可能會對感到痛苦的人有所不解。

對方感覺是一個非常好的人，甚至是比一般人還要更好的人，唯有自己真的觸怒過一次自戀型人格的人，侵犯到他們的自我感覺的時候，才會知道，表面上看起來一切正常，形象甚至比一般人更好的這類型人格的人，你如果破壞了他們對自己的良好感受，下場會比激怒一般人還要慘烈。

有些人因為在這樣的家庭或者在這樣的伴侶關係中長久生活，對自己的感受產生了疑惑，如果自己的另一半或者是父母，真的如別人說的那麼好，為什麼自己時常感到痛苦，和這個人的溝通也充滿挫折呢？

作為外人，應該要能夠理解到，自己是無法從一個人在外面與人相處的樣子，看見他在家裡的樣子的。

因為每個人都有裡外的差別，在面對自己認為是家人的人，和認為是外人的人，自然地會呈現不同樣貌，能夠裡外一致的人是最好，家人或外人，都能夠相信自己認識的是真實的他。如果是裡外不一致，而且這樣的不一致，已經超過正常的範圍時，多半是家裡的人深感痛苦。

對朋友比對家人好，在外面擺出好父母、好伴侶的樣子，一回到家裡卻換一張臉，難道這種人真的只會在電視電影中出現嗎？

我覺得，正是因為這類特殊人格的人，其實比我們以為的還要多，對於別人家裡的事情，無論是親子還是伴侶關係，外人還是不要自認為理解比較好。

最重要的是，要讓家裡的每一個人，他的真實想法和感受，都有被人傾聽的機會。

我曾經看過這樣的人，在談戀愛的時候，甚至會蹲下來，為女友綁鞋帶。為女友拿包包外套，耐心地等待女友購物結束。

許多人都誇讚他作為男友是個很有包容力的人，直到他們分手好幾年，女方才淡淡說出，其實在他們的同居生活裡，她才是那個做事最多，又最不得肯定的人。

在家裡會臭著一張臉不跟人說話，在外面卻說自己心甘情願順從女友的想法，總是半開玩笑地說女友很兇、他就是懼內，實際上在家卻是什麼事都要女友聽他的意見，不聽就大發脾氣。

即使叫他在外面不要旁若無人地蹲下來替她繫鞋帶，他也悶不吭聲地堅持去做，就為了一個「好男人」的美名。

這種美名反而讓人有苦說不出，只要吵架，對方就會說「我對妳不好嗎？妳看看有誰能像我這樣，為妳做這麼多事。」

即使那些事情並非她要求的，她所希望的是對方能夠重視她的想法和感受，但對方依然像是堅持著自己的一套劇本，「我就是這樣的人，我願意為女友做這樣的事情，是都已經擁有像我這樣好的男友卻還有所不滿的女友不對」。

像雞同鴨講的爭吵從來不會有結果。

對方活在他自己內心的世界，認定他只要這麼做就是好男人、女友就應該沒得挑剔，任何和這個世界觀有所違背的聲音，他都關上耳朵不聽，要是再說更多，批評他自以為是，不尊重別人，不如他自己想像的那樣完美，就會踩到他的地雷。

在他心裡，他根本就不是普通人，而是一個非常完美、別人都應該對他只有讚美的人。

自戀型父母對待孩子的方式，也和這種情況非常類似，在外人看來他們很願意為孩子付出、相處也很愉快，但是外人無法得知的是，**自戀型人**

格的人，當你去配合他們、共同演出他們真的是非常好的人的幻覺時，他們確實會非常好相處，只要你沒有傷害、挫折到他們的自我感覺。

而實際上他們的自我感覺非常脆弱，不允許別人有和他們不同的想法。和樂融融的情景可能是真的，但是在意見有所衝突，特別是提出要求被拒絕的時候，他們會一口氣把所有好的部分全部推翻也是真的。

守護自己的自我感覺，對他們來說是優先於一切的目標。在孩子還小的時候，相處和諧還算容易，但是從孩子進入青春期，開始有自己意見之後，親子之間的衝突就開始了。

雖然每個孩子邁入青春期，都會是家庭關係的一大挑戰，但是我們現在已經能夠承認，青春期的親子對立，是孩子要掙脫、衝破由父母所代表的權威，邁向獨立自主的必經過程。

被孩子忤逆、挑戰、甚至掀起了激烈衝突的父母會感到痛苦，但是如

果完全沒有這個階段，孩子對父母從來沒有任何的反抗，那多半只是表面上平靜，內在可能更加暗潮洶湧。

沒有叛逆期的孩子，沒有和父母採取過對立的姿態，多半出於兩種可能，一是家庭正面對著極大的壓力，為了生存，孩子提早地成為大人，早熟、懂事，父母沒有辦法作為那個權威角色來支撐家庭，反而是家中需要照顧的對象，對抗權威的戲碼自然就不會出現。

另一種可能就是父母的權威其實過度膨脹，又或者孩子過度軟弱，對父母的叛逆原本是要嘗試脫離原生家庭這個初級團體，探索以自己的想法在社會上立足的可能性，但是出於前述理由，脫離、獨立，變成即使只是模擬也無法實行。

自戀型人格的父母多半有非常順從的孩子，因為孩子很小就體會到，要討父母歡心，沒有什麼是比讓父母覺得他們是自己想像出來的樣子更重

要的了。

孩子原本是透過一次次挑戰父母的方式，尋求脫離父母的掌控而獲得獨立，但自戀型人格的人不容挑戰，如果你挑戰了他們的自我感覺，那就像是在對他們說：你不是自己想像中如此完美的人。他們會用各種手段來否定這項事實。

有個朋友的母親，總是會在女兒和自己的意見不同時病倒，只要女兒不按照她的意思去做、不接受她的好意，她就會從溫柔關懷的母親，翻臉變成極端怨恨女兒的人。女兒的拒絕，意味著不按照她的劇本去走，這對認定自己心中的世界就是唯一世界的她來說，是不可能允許的。

她會向身邊的人誇大這項拒絕的嚴重性，對女兒表達憤怒、失望，「我這麼好才為妳設想的這些，妳竟然不知感恩還拒絕？」在別人面前，卻又作出被女兒傷透了心而心碎痛苦、夜不成眠的樣子。

旁人看到母親變得如此憂鬱，當然會認定是做女兒的人不對，「母親無論如何都是為妳好的，妳也不應該做這麼絕……」就這樣，**被自戀型父母傷害的孩子，在善於表演的父母的操弄下，永遠是百口莫辯，在別人眼中，他更像是這段關係中的加害者。**

自戀型父母不容拒絕的「好意」，其實是不允許孩子脫離父母掌控的一種手段，但很難向其他人去解釋，事情並不是表面上看起來那個樣子。

特別是我們這個社會，或者說幾乎多數的社會都一樣，相信著「天下無不是的父母」。

父母做任何事情都被理解為出於對孩子的善意，這對於利用孩子，好扮演自己心中理想的父母來自我陶醉的人來說，是容易取得支持的社會環境。

每個人的心中或多或少都有自戀的成分，人總是希望自己是好的、是對的，自己的想法不會受到他人的反對或批評，但是真正心智成熟的人知道，自己不可能永遠都是對的。

自戀型人格的人是不成熟的，就像無法脫離嬰兒期的孩子，無論生理年齡是幾歲，他們那份需要別人認同、需要別人以他們為中心的思考方式，只會造成身邊的人難以讓外人理解的痛苦。

角色期待，是對自己和孩子的束縛

——父母在等孩子的一句道謝，

孩子在等父母的一句抱歉。

有人用這句話來形容上一代父母和孩子之間的關係，出處雖然已不可考，卻獲得很多的轉發和認同。

作父母的覺得孩子不知感恩，孩子卻覺得父母不明白自己所受的傷害，兩邊的想法就像在一顆星球上遙遠的兩端，明明是同一個屋簷下朝夕相處的人，各自看待對方的心情，卻是那樣難以互相理解。

雙方都覺得在這段關係裡自己是委屈的一方，不管是想要得到道歉或道謝，只要無法理解事情是怎麼發生的，就不可能達成心願。

為什麼雙方都會覺得委屈呢？我覺得是因為，在關於父母該如何扮演父母，還有孩子該如何扮演孩子，換言之，一種角色扮演的規範下，無論是做父母還是做孩子，都變得太沉重了，變成是形式重於實質的關係。

原本，應該是只要去愛就好了。

努力地去愛，學習什麼是愛，在彼此的關係中努力實踐照顧、責任、尊重和了解，愛的循環流動，就能讓人心自然地得到滿足。

在滿足的狀態下，道謝或道歉都是不必要的。

但是，我們卻有那麼多做父母就應該這樣、做孩子就應該那樣的規範和價值，這兩者合一稱之為倫理，導致很多人其實不知道怎麼去愛，只知道拼命去讓自己符合倫理規範，努力做出「像親子的樣子」。

因為是一套形式，類似劇本那樣的東西，父母於是越來越少在面臨選擇時問問自己的內心，用自己的內心去思考該怎麼做，而是越來越依賴一套好父母的劇本，相信自己只要有這麼做、按照劇本去扮演，就是一個好父母。

因為自己變成了現成劇本上的某個角色，所以也很自然地開始期待，按照這劇本的走向，最後就會得到劇本上理想的孩子。

如果父母一開始就不是他們自己，而是彷彿承擔了一份工作，充滿了被迫和不自然的感覺，當結果不如預期時，心裡自然滿是怨懟，後悔自己為什麼要「做父母」，「扮演」父母這個角色。

要不是有這個角色，我就可以「做自己」了。

在真實自我和角色之間的掙扎，變成了父母認為自己對孩子有恩，孩子需要補償自己的理由。

在角色中遺忘了自己。

而孩子，原本是有愛的本能的。

但是因為父母戴著面具面對他們，也不想認識和接受他們真實的樣子，一心一意想要他們成為心目中的理想，這份原本就有的愛的能力，也會在父母給的劇本下迷失。

只要按照父母給的劇本去演，父母就會很高興，做出很喜歡、很愛孩子的樣子。

最好的例子就是讚美，如愛麗絲．米勒在《身體不說謊》裡所說：讚美變成愛的一種替代。**孩子因為追求不到父母的愛，那種愛指的是愛他們本身，而不是愛他們所做的事情，孩子只能轉而追求父母唯一願意給予的東西：讚美**。在孩子做得好的時候讚美他們，久而久之，孩子變得只知道表現出父母想要的樣子、做父母希望他們做的事，為了得到在父母讚美他們、說他們很棒很乖的那一瞬間，有一種類似被愛的感覺。

但因為做得很好才得到的肯定和溫柔，往往都轉瞬即逝，孩子心中對愛的感受於是變得不穩定、沒辦法在讚美聲中感到安全。

所以，孩子也漸漸遺忘了什麼是真實的愛，只知道要得到「被愛的錯覺」，就必須滿足對方的期待，把自己變成對方辛苦後的獎勵或補償。

作為一個個人，同時也是所有愛的基礎的，獨立的個體性呢？

在過度要求父母要有父母的樣子、孩子要有孩子的樣子時，無論是父母還是孩子，好像都逐漸失去獨立的個體性了——變成佛洛姆說的共生或控制的關係。

原本兩個各自獨立、關係平等的個體，出於自己的意願選擇在一起，希望彼此都能幸福，追求共好，這是真正的愛。

但是在僵化的角色規範下，變成了拿自己的個體性去交換一個角色，因為自己正在努力扮演，所以也希望對方用理想中的角色來回應自己，雙方都失去了原本的個體性，不是真相，也不是獨立的個人。

像是社會的一個影子，說的話、做的事，都像是社會的回聲。

在「必須」要扮演一個角色的情況下，雙方都會覺得委屈。

親子關係是如此，伴侶關係也是。

當雙方都不滿意自己的劇本，都覺得在角色下失去真我，那就不可能用最原初單純的愛，在關係中給予彼此回饋。

到底有沒有可能，讓彼此之間是人與人的關係，而不是角色與角色的關係呢？

特別是當那個角色規範已經僵固到，失去了個人在其中表達自我的空間，變成純粹是責任和義務的束縛的時候。

我時常在面對孩子的時候反思自己，現在為孩子做的事、做的選擇，是我真心想這麼做，還是我認為，這是一個母親「應該」做的？

這麼說並不表示我貶低後者，也不表示要刻意排斥那些規範上該做的事情，只是想自我提醒，如果在一項選擇當中，幾乎沒有我個人的意願，有的只是我認為母親「應該做」的事，那就要進一步去思考，這麼做，會有什麼樣的後果。

我是不是會因此期待：既然我做了自己「應該做」的事，你們就該做你們「應該做」的事？

人總是會因為自己過得並不自由，就無法允許別人過得自由。

如果在一段關係裡覺得備受角色期待的束縛，就會忍不住用同樣的期待去束縛他人。

角色期待就是那樣危險的東西，過度服從角色期待，會讓人失去自主性和自發性，也無法欣賞出於自主和自發性的行動。

我們常看到有些人自己選擇成為了父母，卻在二三十年後覺得全是後悔、滿心怨氣，雖然不能一概而論，但我想是因為有些人在過程中，只知道努力讓自己符合「父母該有的樣子」，忽略了當中其實仍有自己可以做出選擇、彈性適應的空間。他沒有活在角色當中，而是覺得真實的自己完全被忽略、被壓抑了，活得像一個空殼子。

幾乎把所有時間心力都花費在扮演一個僵化的角色，而不是自己認真去思考要「如何扮演」、給自己一點創作的空間的時候，很自然地，會覺得因為這個角色而失去自己。

覺得失去自我的父母，會想要得到孩子的感恩作為補償，但又因為他們往往是用最僵化的方式在扮演父母的角色，所以也會要求孩子成為他們理想中的樣子。

被這樣對待的孩子在長大成人以後，如果因為某些契機，意識到自己只是父母想要的一個名為孩子的工具，也會覺得，父母欠自己一個道歉吧。

那種雙方都彷彿被誰虧欠、想要被補償卻又不可能得到補償的心情，在明明是有緣才能結成的親子關係下，只能說是一種無奈和遺憾而已。

當不被愛變成一種恥辱：擔心自己是沒有愛的母親

在網路上看到一篇心理諮商師的文章，

內容是關於一個媽媽，因為對女兒沒有耐心而向她求助。

諮商師自述在過程中，她探問對方是不是從小母女關係不親密，有被媽媽虐待，或者是精神暴力的經驗。

對方驚訝地說：「你怎麼知道？」諮商師表示是出於經驗，多數母女關係不和的女性，在成為母親之後也會對女兒特別嚴厲，因為不自覺地把女兒和小時候的自己重疊，自己沒有得到母親的愛，所以也不知道如何愛女兒……

說到最後，前來求助的媽媽都羞愧地哭了出來，反省自己對女兒的態度重蹈了過去母親對待自己的模式，明明是想要當個好媽媽的，卻複製了母女關係的傷害，諮商師下的結語是：「果然，人沒有辦法給予自己所未曾擁有的東西。」

讀完這篇文章還有看過底下網友給的正面肯定之後，我深深嘆了口氣。

這大概就是很多人，特別是女性，沒有辦法向別人說出自己母女關係不睦，沒有被母親好好愛過的原因吧。

無法向別人訴說的其中一個理由是，在天下無不是的父母、父母都是愛孩子的社會迷思下，自己不被父母所愛的感受，並不會被相信或承認，說出去總是會被說「是你想太多了」、「不可能」，或者是「父母是愛你的，只是沒有學過怎麼愛」，最後一個說法我總是想問，做出那麼多讓人感覺不被愛、甚至感覺是傷害的舉動，內在卻還是有愛的，那麼，究竟愛是什麼呢？

無論父母做了再多與愛背道而馳的行為，都要相信行為是表面上的，內心是有愛的，這種說法是真實，還是一廂情願呢？

不相信有父母不愛孩子，所以總是強調，無論如何，孩子都不能否定父母的愛的人，他們的意見形成了社會主流，讓在親子關係中感覺不到愛的孩子，很難去坦承自己的真實感受。

除此之外，還有另一個讓人無法說出真心話的理由，就是前述那位諮商師的態度。他們雖然相信天下有不是的父母，某種程度上擺脫了父母都愛孩子的迷思，卻相信著另一個迷思：沒有被父母好好愛過的人，就沒有辦法成為愛孩子的父母，特別是母親。

因為他們普遍認為，女性是在母親對待自己的方式中，學習做另一個女兒的母親的。

所以一旦她們沒有被母親愛過，等她們長大，有了自己的女兒，對女兒的態度也會是驚恐中帶著厭惡，即使再怎麼努力想要表現出耐心，就像前述那位前來求助的媽媽，也不能改變實際上「她們給不出她們未曾擁有的母愛」的事實。

我看了這樣的說法總是非常的難過，用一個迷思替代另一個迷思，難道就是對的嗎？不被母親所愛已經很悲傷了，還要為了自己注定無能成為一個好母親而感到羞愧，因為對孩子不夠有耐心，氣到想要打小孩而前來求助的媽媽，真的是對孩子沒有愛嗎？

要是沒有愛的話，會這麼容易緊張，覺得自己有缺點需要改變，所以尋求專業嗎？

明明母女關係良好，得到充分母愛的人，也有可能在帶小孩的過程中，因為忙碌和疲累，小孩又在無法溝通的年齡，氣到抓狂想要體罰的，只是在有愛的家庭中成長的背景，讓人對這樣的母親自然就多了一份信任，相對的，坦承自己沒有被母親愛過的經驗的人，就會被貼上「那妳一定也沒有母愛了」的標籤，只要對孩子有負面情緒就會被認為：果然，是因為不愛孩子才會如此。

母女關係不睦的人，只要說出自己和母親不愉快的相處經驗，就會被各種善意提醒：「那妳要注意妳跟妳女兒的關係⋯⋯」簡直就像在說她們是會傷害女兒的預備軍，不可能跳脱母女之間沒有愛的代代相傳。

不被母親所愛已經是一個傷痕了，還要為自己可能也缺乏母愛，甚至傷害孩子而感到羞恥，在諮商師自述「果然如此」的時候，我甚至懷疑她有沒有察覺到自己洋洋得意的態度，就像在教科書裡看到一個理論，上面説發生過A事件的人有80%會發生B事件，她找到可以帶入這個公式的人，認定對方屬於那80%就沾沾自喜。

但是，人真的是可以套公式去預測的嗎？

如果沒有得到母愛的人，就不會對別人產生母愛，那每一個人對待孩子的方法，不就都是父親母親的複製，我們對人性不需要有什麼期待，也不需要相信改變的力量了不是嗎？

一口咬定「妳一定會用同樣方式傷害妳的孩子」的人，如果自己是母親，會選擇相信這樣的斷言嗎？會不會因此覺得，自己是沒有資格成為母親的人呢？

已經不被母親所愛了，又被認定沒有愛子女的能力，這種說法好像忽略了人的變化從來無法簡單地套上公式，**父母對孩子的影響固然非常深遠，卻絕非只有一個既定的方向**。

因為缺愛而非常渴望愛的人，確實有可能因此走上錯誤的道路，用討好、委曲求全的方式去尋求被愛的感覺，也有可能變得不信任愛、主動棄絕愛的可能性，把目標放在能夠一個人獨立生活的未來，也有可能因為不知道自己所受到的待遇其實就是不愛，從小就關上了感受愛的心門，對於愛與不愛，除了表面上的得失以外，情緒的感受非常木然。

世界上有多少的人，就有多少的可能性，即使是不愛孩子的母親，她的不愛，對孩子所造成的影響，也是呈現在每個孩子身上都不同的。

有人能把這當成一個正面的力量，從此更堅定了自己所要追尋的方向，有人很小的時候就察覺到不能像母親那樣過活，要愛自己，才有能力愛別人。人一生所受到的影響何其多，就算不是來自母親，也有可能在成長過程中，從母親以外的他人身上感受並且學習到何謂母性的愛。

正面發展，把陰影當成是指引光明的可能性，從來不少於單純的陰影複製，但是有些人，甚至以專家身分的權威背景，直接地給沒有得到母愛的女性判了死刑——妳沒有辦法給予妳沒有擁有過的東西。

當我看到文章中的這一段，甚至文中的媽媽據她描述，是羞愧地哭了出來之後，我先是感到氣憤，然後是深深的悲傷。

我覺得這就是為什麼，人們要說出自己和父母的關係不睦會這麼困難，因為會受到二度傷害。

會被誤解成不懂事、不能體會父母在不愛的言行背後的「苦心」的人，或者是，會直接被斷言，是不可能對小孩有親情的人。

如果已經有了孩子，更可能會感覺到，別人看待妳的眼神如嫌疑犯，他們會認為，如果妳的孩子成長過程有什麼問題，原因都出在妳這個母親沒有被愛過、不懂愛人。

被愛過的人就一定懂愛人嗎？有時我覺得也要打上問號，有些人被愛得那樣理直氣壯，從未想過也要轉換立場去呵護別人。

同樣道理，不被母親所愛的人就不懂愛人嗎？因為可以知道自己有多麼渴望被母親溫柔對待，不就會去思索，怎麼樣做一個能對人溫柔的人嗎？

我在有了孩子，特別是女兒之後，更少向其他人訴說心事，因為我知道有些事情一旦說出來，也會被認為是不懂愛小孩的嫌疑犯，太多個人經驗的投射，還有對人的理解不夠深入，卻又認為人的行為可以用簡單的代間複製來加以預測的人，會對這樣的我貼上標籤。

有些人就是只有在看待自己的事情時，能意識到貼標籤是不公平的、標籤也未必正確，但是看待別人，他們喜歡強調自己能做出幾乎百分之百正確的預測。

有專家身分的人就更可怕了，我一想起那個母親，只是承認自己母女關係不睦，就被如此斷言，當下會怎麼感到無地自容，回到家之後，又可能會悔恨自己犯下嚴重的錯誤：「身為沒有體會過母愛的人，還妄想成為好母親而生下孩子」。

被貼上標籤可能會有的效應，讓我替她難過、擔憂。

科學，特別是探討人類行為的科學，其實從來沒有能夠百分之百預測人類行為和命運，實際上理論總是跟在人的變化和行為之後，一直被人的多樣性、難以預測性、可塑性和自我改變的能力所震撼的。

這也是為什麼，研究人的科學能這麼引人入勝，引起那麼多人投入研究。

一個因為愛女兒而擔心犯錯，尋求諮商協助的女性，說出自己的經歷卻沒有獲得理解和幫助，而是被斷言自己童年的遭遇會變成無法逃脫的宿命，她注定會是一個不懂得愛孩子的母親，想到之後她會多麼緊張兮兮地放大檢視自己的一舉一動，懷抱著無法扭轉過去，就無法開創新的未來的悲傷，這種對人性、還有對自己的可能性的縮限和誤解，是多麼令人遺憾的發展啊。

不平等的交換關係，讓親子關係遠離了愛的本質

「我為了你做了那麼多……」這句常聽見的話，
總是讓人想問，說這句話的人，
做那些事情真的是為了對方嗎？

不管是父母還是孩子，我們會和自己所愛的人，自然地產生很多交流互動，這些互動，乍看之下是很像交換關係的。

自己總是會覺得，是因為希望對方好、希望對方快樂，才為對方做很多事，希望對方能夠滿足。

但是，做出這種付出的同時，如果沒有清楚地自我意識和提醒，那也會很自然地開始期待對方為自己做一樣的事情，變成條件交換——我先付出什麼，是因為期待你下次也會付出什麼。

很多人就因此貶低愛情、親情、友情等等的情感關係，覺得那只是一種以物易物，跟商場上的利益計算是一樣的。

但是，當我們是在一段有愛的關係中彼此付出，即使難免會因此產生期待，還是能夠感覺到，在非常細微的地方，這段關係和純粹的交換有所不同。

可以說動機決定了一切，動機會影響到一件事情的結果，也會影響到在關係中的當事人，對於這件事情的感受和看法。

即使事情本身，就外表上看起來是一樣的，旁人可能也看不出差異，但是在決定要為對方做一件事情的當下，是想看見對方的快樂，還是想得到對方的回報，看似同樣是為對方著想的選擇，動機不同，結果也可能大不相同。

在親子關係和親密關係中，如果每一件事情都懷著「有一天要得到回報」的動機，這段關係就很難健全的發展，能夠單純地只是為了自己想做而做，這樣的付出才不會變成感情上的負擔。

只是人很難跳脫期待回報的心理，也很少先去檢視自己的動機，確認自己不是有所期待才去行動，所以就在不知不覺中，讓很多關係變成表面上是愛，實際上卻並非愛的實踐。

還沒有被社會規範以及各種約定成俗的社會文化所洗腦的年幼的孩子，會對父母傳達出愛以外的訊息感到困惑。

在這些訊息當中，親子關係好像就是各種交換，父母為孩子做牛做馬，孩子就該感恩戴德，對於還不甚明白交換關係是什麼，對於交換也還很不熟練的孩子，其實是無法理解的。

對他們來說，願意為對方做一件事，往往就是當下的意願而已。那份不求回報的願意，只是因為給予就感到快樂的心情，是孩子與生俱來，還沒有被扭曲的愛的本能，但是父母的明示暗示，卻和他們天生理解的愛背道而馳。

「爸媽為了你那麼辛苦，你就應該要……」這種話，聽起來好像自己一生下來就虧欠了父母，所以自己對他們的回報，是父母人生應得的補償。

這些生下來就被套在身上的枷鎖，是愛嗎？

真實的愛能夠讓人感到幸福，變成交換關係的愛則不是。

孩子被要求成為父母期望的樣子，這份要求，其實並不是出於愛，雖然時常以愛為名。

比方說，有些父母會說：「我期望你是為了你好，是因為愛你。」

孩子無法反駁這句話不是因為這句話正確，他們其實憑著本能可以感覺到這句話充滿破綻，不去反駁只是因為不想觸怒父母。

如果愛真的只是一種期待的滿足，也只能用滿足期待來作為表達，那為什麼只允許一方對另一方有所期待，另一方同樣期待對方時，就會被否定有提出要求的資格呢？

愛存在的基礎，是把彼此視為獨立的、有自己的想法和感受的人。其他人即使會自然地對他有所期望，也沒有權利要求他做個滿足自己期望的人。

被認為「做個乖孩子才是愛父母、才是對父母愛的回報」的孩子，其實是不被父母視為「個人」的。

因為一個個人，會有他自己所認為的，愛對方的方式。這個方式未必跟父母期待的一樣，但不能因為不同，就否定對方一定是錯的。

有些父母其實是把孩子視為自己的附庸，雖然說著自己很愛孩子，但並不是認真地肯定他的自我意識，而是從最一開始，因為自己是付出照顧的一方，就認為年幼的孩子沒有資格反抗父母的想法，到了孩子成年，又認為自己既然把孩子照顧到成人，就是對孩子有恩，孩子就更應該被動地接受要求、滿足父母的期待。

在這種交換關係當中其實沒有允許孩子做自己的空間，而是直接否定了孩子擁有自己想法的權利，把滿足我與愛我畫上等號，只要孩子給予愛的方式不符合自己期待，就加以否定或拒絕。

受人照顧的一方，並不是表示就是一個不完整、沒有資格訴求自己的個體性的人。孩子從小就有自身的意志，而真正的愛，就是守護著他做自己的這份原動力，直到他有能力加以實踐為止。

有些孩子之所以在長大成人之後，雖然沒有受到明顯的忽視、虐待，卻還是會渴望得到父母的道歉，就是因為他們可以感覺得到，自己長期以來，作為個體的權利和資格受到壓抑，在家裡，被當成了次一等的人。

父母要求他以服從來回報父母的養育之恩，不管年紀多大都要有「孩子的樣子」，要聽話、表現出與父母的付出未必成比例的尊敬和崇拜，這就讓孩子感受到，在這個家裡，只有父母被允許成為完整的個體，可以說他們想說的話、做他們想做的事，而自己卻沒有同等的權力。

在和父母的關係中，自己只能附和和被動接受的感覺，發展到最後，就會讓人覺得，反而是父母虧欠了自己，因為父母把自己的配合視為理所當然，還否定自己擁有個人意志的權利。

人與人的關係應該是平等的，即使是以照顧和接受照顧為起點，也應該要朝著平等的方向邁進。

感覺到不平等和不被尊重的孩子，成年後，當他發展出自己的個體性，自然會對這樣的關係感到抗拒，人對平等和尊重的追求是與生俱來的。

每個人都一樣，生下來就是一個獨立的個體，也應該要被如此對待，只是孩子在年幼時因為能力不足，沒有辦法為自己提出要求，父母就更需要自我提醒：孩子現在雖然受我照顧，但他是一個獨立的個人。

遺憾的是，有些父母從照顧延伸到控制，產生了孩子應該要永遠配合自己的錯覺，很多親子關係就是在這種預設下，變成不平等的交換關係，遠離了愛的本質。

母親要能擁有自己的人生，才不會用控制孩子來彌補自己

人們在形容結婚生子這件事情時，總是會把它描述成一種圓滿，就像結婚是修成正果，生小孩則是「完整」了一個家庭，特別是針對女性。

因為人們相信，每個女人的內在都有母性，和男性可能適合做父親，也可能不適合做父親不同，女性，被認為是與生俱來就有照顧弱小、為孩子付出關愛和做出改變的能力。

但是，這卻忽略了其實女性也有個別差異，先不說有人其實並不適合成為母親，即使是那些適合的人，在成為母親的時候，也跟男性成為父親一樣，是一種身分轉換，需要時間，也需要旁人的協助。

為人父母是一項沉重的責任，從過往只需要為自己負責，到角色改變，必須要去負擔比自己弱小的生命時，每個人都會惶惶不安、覺得害怕或自我懷疑。

這和是男性或女性其實沒有太大差異，但是人們卻假定女人自然地就懂得如何做一個母親。

「為母則強」，這句話原意應該是讚美，但已經發展成一種錯誤的暗

示：母親不需要別人幫忙，她自己可以。

還記得當我成為新手媽媽的那一年，跟朋友訴苦孩子總是不睡，我一天只睡五小時還斷斷續續，朋友就回答我：「為母則強」。

而我不知道該怎麼讓對話繼續下去，「我其實一點都不覺得自己很強，只是在死撐而已」這樣回答感覺最符合真實的心情，但是說出來好像自己特別沒用，才會在人人都說「為母則強」的階段，感覺自己一點都沒有變得強大，反而是更脆弱了。

在其實是想要向誰求助，想知道我該如何是好的時候聽到的「為母則強」，就像求助的手被揮開一樣，對方並沒有惡意，也不是冷漠，就只是在這個社會長時間的耳濡目染下，學到了關於母親，人人都是為母則強這樣的迷思而已。

就算辛苦也總會撐過去的吧，因為對孩子的愛，也因為作母親的那份堅韌。

我並不是說為母則強這句話有錯，因為當我回顧那段過去，我也覺得自己是為母則強了。

撐過了長期睡眠不足、免疫力下降、不斷生病還要獨自育兒的時期，咬牙不讓自己的疲累和對未來的茫然影響到婚姻關係，我努力在身心都感到極大壓力，非常孤獨的情況下以家庭為優先，還找到了寫作抒發這樣的方式，讓自己撐過那段彷彿被掏空的日子。

為母則強用來形容那段過去並沒有錯，但是在當下，極其脆弱和無助的時候，被別人這麼說只會覺得自己的求助被否定了。

每個女人都會為母則強嗎？那些困難和痛苦，真的都在咬牙撐過之後，就會自動消失，從此風平浪靜嗎？

一定也有人是在為母則強的那個階段，內心留下無法磨滅的傷痕和孤獨感吧。

女人獨自面對成為母親的挑戰，其實是會危及婚姻的。因為人們對母親就是應該要為母則強的刻板印象，其實就是在強化「父親只要被動參與就好」的性別差異，那會讓原本應該互相扶持的婚姻關係，失去了彼此互助的內涵。

父職和母職，所要承受的社會壓力非常不同。以我自己來說，在當時，我覺得我要非常小心，才能不讓我對性別不平等的社會結構的不滿，影響到我對伴侶的態度和感情。

我努力提醒自己，丈夫是一個獨立的個體，但是在某些情況下，還是難免覺得，他好像就是整個社會不平等結構的化身，身為男性和女性，被用不同的方式社會化長大，我們看事情的方式和對親職的感受本來就非常不同。

在努力不讓兩人的關係產生裂痕的同時，我也覺得自己非常孤獨。

有人說：在度過育兒最辛苦的前三年之後，和丈夫的感情再也回不去了。我想那就是因為，成為父母，會讓人深刻感覺到社會結構性的性別不平等，對親密關係造成的挑戰吧。

有些丈夫非常堅信這個不平等是自然的、天經地義的、不應該被改變的，所以無論如何都要求妻子為母則強，不願意伸出手，分擔照顧孩子的辛苦和憂愁。

當他們相信，自己只要有出錢養家、偶爾陪孩子玩就是很好的父親，妻子再有抱怨就是妻子自己的問題時，很難察覺到自己的這種態度，對妻子來說是多麼冷漠。

會讓人覺得婚姻的承諾，彼此都會努力給對方幸福的那份期待，面對困難時兩人可以彼此依賴的安心，就在性別不平等的預設下全然破滅了。

男人假定，或者是讓自己深信，每個女人都會為母則強，是非常輕鬆的事。

因為那就等於在說，無論再怎麼辛苦，都是母親「一個人」的事情，有了孩子的女人就是應該要自己振作起來，如果她做不到，還可以責備是她對孩子的母愛不夠，作母親的「覺悟」還不夠。

照顧、養育、陪伴一個弱小生命的重責大任，絕對是集眾人之力，會比全部交給一個人有更好的結果。但是這個社會把這一切的責任和壓力都交給成為母親的女性，其他人包括父親，都可以選擇性地參與。

為什麼同樣為人父母，父職和母職，被要求的程度會差那麼多呢？

這份疑惑很自然會導向對性別不平等結構的認知，但是認知到這件事情，又有可能讓在婚姻當中，要繼續去愛一個優勢階級也變成難事，因為我們原本在戀愛交往、決定結婚的當下，所有的憧憬都是雙方平等的。

成為父母卻會讓人意識到，這份平等好像就只到生完小孩為止，對方擁有一個只要換過一次尿布，就會被說是很棒的爸爸的性別角色，而自己則是付出再多，都被認為是理所當然。

除了母職之外，女人還會被提醒：「即使當了媽媽也要記得照顧丈夫的需求。」

就算這樣的提醒是出於善意，在沒有人會提醒男性，不要忽略妻子的情感需要的情況下，單方面的提醒，就更像是對兩性不平等結構的維護和延續。

為母則強所造成的女性的孤獨，那份突然意識到自己身為社會弱勢，連擁有一點選擇權都好像需要感謝另一半，那個相對優勢的人所給予的恩惠，深受這種壓力而深感迷惘和痛苦的人，會是滿心欣喜、毫無困難地承擔母職嗎？

恐怕無法避免一種矛盾和困惑的心情吧。

在所有人都說結婚生子彷彿水到渠成、瓜熟落地那樣自然的時候，自己卻深深感受到彷彿被推進一個獨自一人，從早到晚無聲地進行著勞動的小房間，內心的聲音和需求都對外隔離。

我時常想，這個社會如果能對女性少一點壓迫，是不是也會少一點對孩子抱持著矛盾心情的母親。

如果人們在女人成為母親的時候，能夠有一種這是我們這個群體共同迎接的新生命，需要大家多盡一份力去支持和包容的意識，讓母親確實感覺到自己不是孤獨一人，孩子帶給她的感受，或許就不會和孤獨和無助深刻地連結在一起。

身分轉換時如果能得到很多溫暖，就不會覺得自己變成了群體中的弱勢，需要一點幫助、一點喘息時間都要那麼卑微，還要承受「母愛不足才做不到為母則強」的批評。

我們如果希望這個社會，能夠少一點母親對孩子的傷害或控制，就更應該平等對待每個成為母親的女性，讓她知道她依然是一個受人尊重、被人在乎的個體。

她的需求、她的感情，乃至她的健康，所有讓人作為個體的部分都依然重要，讓她依然能夠自尊自愛，擁有自信。

因為只有能夠自尊自愛，也相信自己依然被愛的人，在面對孩子時，才不會覺得需要以孩子的人生，來彌補自己所失落的一切，不會讓孩子分擔自己失去個體性的痛苦。

孩子不會被說「媽媽是因為你才變得如此悽慘」，也不需要一生下來，就彷彿欠下對母親的債務。

孩子本來就不是來剝奪母親的人生的，但是如果這個社會剝奪女性的

人生，有些不成熟的人，就會把這份控制延伸到孩子身上，有意識或無意識地，透過對孩子的控制，來找回自己失去的掌控權。

那是一種弱弱相殘，身為弱勢的女性，控制比自己更弱勢的孩子，用佛洛姆的話說，那不是愛，而是共生和控制的關係。

努力去證明自己有被愛的資格，恰好證明了這份愛不存在

如果你完全不在乎一個人的感受，
就無法說自己愛他。

但是從某些父母的言行態度，可以看出他們認為更重要的，永遠是自己的感受而非孩子。然後還可以以愛為名，說自己抹煞對方感受、以自己的感受為優先，都是「為了對方好」。

我們當中有多少人，曾經有被盛怒中的爸媽說過「給我滾」的經驗呢？很多時候並不是我們把他們惹怒的，卻被說「看見你就生氣」，讓人對自己在這個家的存在，是不是隨時會被取消而感到惶惶不安。

對於時常對孩子亂發脾氣、吼罵甚至毆打孩子的父母，有些人會因為想要打圓場，就對孩子說：「他／她多半時間還是對你很好的，只是有時候情緒控制不好，他和你的想法不一樣，其實他還是很愛你的。」

而我總是覺得，這樣的解釋對孩子長遠的未來非常不好。

因為那就等於在告訴他，以後交往或結婚的伴侶，心情好時對你好，心情不好、對你的言行不滿意時，就行使言語或肢體上的暴力是可以的。

只要多數時間他對你是好的，就可以說是「愛」了。

有些人在戀愛交往，甚至是結婚的時候，選擇了心情不好會大發脾氣，甚至會出手打人的伴侶。

很有可能就是因為，在這些做出選擇的人的心中，很早就接受了「這樣的愛是可以的」的想法。

他們會為脾氣不好的伴侶找藉口：「他只是太累了」、「是因為太在乎我了」、「是我太讓他生氣了，所以他才一時控制不了情緒」等等，像這樣合理化對方的行為，而渾然不覺需要時刻擔心會不會激怒對方、對方心情不好時就什麼都做得出來的這種愛，其實就不是愛了。

以前我也時常感到困惑，對於自己和某些人的相處，我也很想這樣理解：人在心情不好的時候，沒辦法對別人好是「很正常的」。

所以對方盛怒之下的口不擇言，覺得我很討人厭，狠狠瞪我或無視我，行使冷暴力逼迫我為自己的存在低頭道歉，我都對自己說：這是很正常的。

他心情好的時候都對我很好，我只要一直記得那些好的時候，沒有必要在意那些偶發的意外。

但隨著時間過去，我認識的人越來越多，看到越來越多其他人和他們的父母、伴侶，還有家人相處的情形，我也開始感到疑惑。

如果一個人只在心情好的時候對你好，心情不好時就對你壞，那所謂的「愛」，到底算什麼呢？

愛是在心情好的時候才出現的東西嗎？這樣的愛，是我們能夠去仰賴、信任，因為擁有而感到安心的東西嗎？

和宣稱愛我卻沒有辦法控制脾氣，會把生活中的不順遂發洩在我身上的人在一起，我沒有辦法感到安全。

總是小心翼翼地揣摩對方的想法，害怕自己讓對方有所不滿，覺得問題出在自己不會溝通，是自己引起了對方的負面情緒。

人們都說在愛裡會感到安心，我卻在這種「愛」當中，覺得一個人獨處最安全。獨處時不用害怕被別人傷害，不用看人臉色，也不用總是懷疑自己，是不是又做錯了什麼。

察言觀色是可以訓練的，作出若無其事的樣子也是，但是當這些賴以自保的能力越來越提升，我卻越來越不能相信愛了。

如果愛不是在艱難的時候依舊存在，而是只有在我不成為任何人的負擔，我的一言一行都讓人滿意時才能夠擁有的善意回應，那這樣的愛，好像沒有特別追求的價值。

很多孩子都是這樣感受著父母的「愛」，我們旁觀起來也忍不住想，如果孩子總是必須要讓父母感到滿意，否則就要去檢討自己是不是不夠好，不夠孝順，把父母的快樂痛苦都視為自己的責任，認定父母遷怒自己是沒有錯的。這樣的孩子，能夠很有自信地說自己是被愛的嗎？

愛是一種以雙方互為平等的關係為基礎的感情，有些孩子把自己的價值永遠置於父母之下，家庭裡重要的永遠都是父母的感受，自己則微不足道，就不能說在這個家裡，他被父母所愛。

父母只是心情不好而已沒有「惡意」，這種說法多半也是來自父母或旁人的灌輸吧——雖然父母並非對你總是很好，但父母「絕對是愛你的」。

孩子會因為渴望父母的愛，而傾向相信這樣的說法，但這並不是他們發自內心的，能夠直覺相信自己正被愛著的感受。

人的本能其實可以知道自己什麼時候被愛，最基本的，就是**在愛你的人身邊，你應該要覺得安全**，能夠相信自己的感受會被對方在乎，不需要害怕會突然被傷害，或者被對方攻擊。

但是這份正確的認知，在年幼的時候，沒有辦法用言語加以描述和表達，在這個階段若是被灌輸、潛移默化了其他錯誤的觀念，對愛的正確解釋，反而會被壓抑到內心深處，變成永遠求而不得的東西。

我也是到了一定的年紀才體會到，真正的愛就像溫暖的陽光照在身上，你不會覺得是因為自己很好、很乖、很聽話，做了什麼令人滿意的事情才得到這份恩惠的。

就是那樣自然地覺得安全和溫暖，內心的感恩也是自然而然，而不是有份契約書擺在面前，上面寫著陽光給了你這些，所以你就應該要做哪些事情作為報答。

你的存在本身就值得被愛，否則就只是交換，甚至是單方面的索取而已。

有些父母不假思索地向孩子要求他們想要的東西，沒有得到就指責孩子「不懂感恩、不懂回報他們的愛」，有時甚至是轉嫁自己對生活的不滿，和對另一半的需求。

從來沒有去換位思考，如果是自己，是否會樂意這樣被愛勒索，以及自己是否會去信任一個這樣對待自己的人所說的愛。

而努力去實現父母不合理的願望的孩子，就像在黑夜裡迷路，偶爾得到父母一句讚美或滿意的樣子，就以為這是愛了。

直到下一次，自己的表現不足以讓父母滿意，或者是，父母對自己的人生又有什麼不滿，父母就又毫不留情地把這份「愛」收回——我為你付出這麼多，你就這樣回報我？沒有看過你這麼不知感恩的孩子。

好像孩子對他們的付出，比孩子的存在本身還要重要。

得到的肯定總是被輕易收回的人，看著自己空空的手心只能錯愕，愛原來這麼容易消失，這麼地不可信任，只能又對自己說：下次要更努力，要讓父母知道自己很愛他們，要相信他們一定會「發現」，自己作為一個孩子值得被愛，同時，也很愛自己的父母。

悲傷的是，這樣的努力不會有盡頭，因為需要去證明自己有「被愛的資格」這件事，恰好就證明了愛不存在。

第三章

有些事情已經不同，我們可以把自己接住

家裡如果不是能流露脆弱的地方，哪裡才是？

某天，先生因為孩子的事情而大發脾氣，我讓孩子先去睡，回房間時，像平常那樣抱著孩子說愛你晚安。

然後他突然哭了，說他害怕，因為爸爸剛才太生氣了。

即使事情跟他沒有關係，是妹妹惹爸爸生氣，他還是感受到環境中的壓力，就跟我一樣，因為高敏感，有時很難不受到別人的情緒，還有外在環境的氣氛影響。我抱著他安慰，叫他不用擔心，然後他緊緊地抱著我。

被那小手像溺水的人抓住浮木一樣緊緊摟著，我突然覺得他非常幸運，在他害怕的時候，有我會像這樣抱著他。

上一代的父母，好像覺得害怕是應該要克服的東西，所以不會在孩子害怕的時候安慰他，而是會責備他怎麼那麼膽小，批評他的害怕沒有道理。

害怕的事情因人而異，但是我覺得，一個人能不能從害怕中振作起來，勇敢面對他必須要面對的東西，其實並不是取決於身旁的人，有沒有嚴厲地要求他做出勇敢的樣子。

過去的教養方式，看待害怕有一種除惡務盡的姿態，好像有害怕的情緒就表示孩子不勇敢、太脆弱，但我們現在更能夠理解害怕對人類的功能。

害怕可以提醒我們危險的存在，可以讓人自我提醒該做哪些準備，一個完全不害怕的人，若不是把害怕的情緒壓抑到內心深處，變成依舊在不知不覺中操控他的行為的無意識，就是在偽裝，因為身邊的人不接受他有害怕的樣子，他於是裝作自己是不會害怕的人。

在孩子感到害怕的時候，如果有人先接納了他，告訴他害怕是很正常的，不是需要徹底消滅的情緒，那份害怕反而不容易變成壓抑，會變成一個人能夠認知到，自己究竟害怕什麼的一份依據。

害怕的心情，和害怕時有人陪伴的經驗連結起來，會讓人能夠自我接納，承認自己是會害怕的人。害怕的情緒並不需要被全盤否定，因為有些非常美好和溫暖的東西，像是互相鼓勵、彼此安慰，往往就是在有人感到害怕的時候會產生出來。

以前的我非常厭惡會害怕些什麼的自己，因為每一次我感到害怕、緊張的時候，連結上的都是不好的經驗。

會被指責怎麼這麼膽小、這麼沒用、脆弱，將來成不了大器，無論害怕的是蟑螂老鼠還是幽閉恐懼症，似乎都不被視為正常。

因為總是會被罵或被批評，所以每次想起來，都會連結上一個沒用、軟弱，才會被這種事情嚇到心跳加快、手心冒汗的自我。

我們是在家庭裡學到要怎麼看待情緒的，所以大人對情緒的反應，往往會複製到孩子身上，被孩子認為是對情緒應該要有的反應。

大人們如果沒有意識到，自己對某些一般認為的負面情緒，比方說脆弱、恐懼、憤怒、不安等等，懷抱著輕蔑或除惡務盡的態度，對孩子來說，就會變成他們在每次有這些感受時，第一時間就先否定自己的依據。

我不應該這麼軟弱、這麼容易害怕或不安，應該要總是很堅強勇敢，應該……好多好多的應該，好像這世界上真的存在有從來不會感到恐懼或憂慮的人似的。

但是，孩子在逐漸長大的同時，也會逐漸意識到，父母想要否定的那種東西，在父母身上其實也是存在的吧。

父母也是人，也會有憂慮、害怕、苦惱。

只是因為在家庭當中，往往會追求要符合傳統上，父母和子女是上下關係的那種規範，所以就只有父母可以指責孩子的膽小和脆弱，當父母自己有這樣的情緒時，卻可以責備孩子沒有安慰他們，沒有成為支持他們的力量云云。

當然也有可能，有些人是連自己的脆弱面都無法接受，就會變成是，當他脆弱的時候，反而強力要求家人們要有一種默契，要對他的脆弱視而不見，裝作一切都很正常。

無論是哪一種，都是讓脆弱的一面變成負面的、必須消除、必須掩飾，讓人與人之間產生隔閡而非連結的態度。

明明指責和批評，只會讓人與人的內心距離變得越來越遠，感到害怕或憂慮時被家人指責，也會讓人越來越不信任自己的家人，但某些家庭，因為特別強調父母要導正並消除孩子身上的「弱點」，所以最常執行這種去人性化的教育方式。

孩子們在這樣的家庭裡學到的是，自己的脆弱面，絕對不能在家人面前表現出來，表現了絕對會被罵、被討厭、被排斥，但是這樣一來，在這個世界上，又有哪裡會接受自己的脆弱面呢？

懷疑這世上究竟有沒有人能接受真實的自己，會讓孩子不只是在成長過程中，甚至一直到長大，有能力走出原生家庭，建立自己新的人際網時，也無法信任他人，無法擺脫自己內心的孤獨。因為沒有辦法相信有人能夠自然地接受和看待自己的軟弱，不會在自己變得軟弱時加以攻擊。

在我抱著我的孩子，安慰他，告訴他覺得害怕也沒關係的時候，想起了這些事。

感覺好像抱住了小時候，因為害怕這個害怕那個都不被接受，後來，就決定再也不要把脆弱的一面透露給父母知道的那個自己。

我也體會到，當我把自己當時受傷的經驗，從無意識當中提取出來，讓它浮現在意識表層，重新去理解、去判斷當中有多少是來自旁人的偏頗，而並非是自己的脆弱本身的問題時，我就像是從當時的陰影出發，又往有光的地方走了一步。

所謂的「人可以做自己的父母」原來是這個意思，就是當我們覺得父母對待自己的方式並不正確，留下傷痕，或者留下對人事物的誤解時，我們有能力去撫平傷痛、不去重蹈覆轍。

這個世界上誰沒有害怕的東西呢？誰有資格批評指責別人，說感到害怕就是「沒用」呢？人與人之間的互相鼓勵和扶持，不就是發生在有人感到害怕，並且誠實的表現出來的時候嗎？

把害怕視為惡，當作是弱點，覺得要成為堅強的人就是要做到沒有害怕的東西，只會變成不斷壓抑和掩飾自己害怕的情緒，要求別人裝作沒看見自己的軟弱，活得像是虛張聲勢的人。

雖然也是花了很長一段時間，我才逐漸能夠做到，在感到害怕的時候，停止在內心裡，像是父母的回聲那樣指責自己「連這個都怕，有什麼用。」我開始意識到這種做法是錯誤的而且可以被改變的時候，感覺自己內心長久以來，因為自己是個「會害怕的人」而受到的否定，好像也逐漸得到安撫。

有愛孩子的父母，也有不愛孩子的父母

日本小說家辻村深月的短篇小說《沒有邊框的鏡子》，描述了一個因為和丈夫婚姻失和，逐漸精神錯亂，陷入幻覺而不自知的母親。

這個母親每天都會去酒吧，欣賞一個被譽為天才的年輕薩克斯風手的演出，以為自己還是青春少女而幻想和他戀愛、結婚，但是在幻想出來的情境中，對方卻對她越來越冷漠。

為了要改變這個傳說中可能會成真的，從魔法鏡子裡浮現的未來，她勒死了從鏡子裡跑出來的小女孩，但她勒死的其實是現實生活中她的親生女兒，女兒即使被母親虐待，依然戀慕著母親。

因為這個女兒沒有遺傳到父親的音樂才華，讓身為母親的她一直承受壓力，好像是自己的遺傳基因不好才沒有生下優秀的孩子，不知不覺中，她對女兒的訓練越來越嚴厲，最後發展成虐待，讓她的丈夫決定離婚並且帶走孩子。

孩子就在跑來找母親的時候，被這段時間已經陷入精神異常的母親親手殺死。

故事的悲傷和絕望，還有小女孩天真地跑向媽媽，卻被媽媽勒死的恐懼和無助感，讓身為母親，卻也同時是母親的孩子的我，感受到更深一層的恐怖。

有多少女人把自己對婚姻的希望和理想家庭的期待，寄託在擁有孩子這件事情上呢？就像這篇小說中的母親，因為自己沒有音樂才華卻又出生在音樂世家，結婚的時候，是希望能夠重新建立全家都擁有音樂天分，能夠讓丈夫和父親感到榮耀的家庭的。

當希望破滅的時候，她沒有辦法做到不遷怒、不痛恨這個不如預期，沒有為她帶來理想生活的孩子。

有些女性確實是出於，生活會因為有孩子而變得「更好」、人生會變得「更完整」、丈夫會「更愛自己」這樣的錯覺，而決定生下孩子的。

而讓她們有這樣的想法的，是說著「不孝有三，無後為大」、「人生就是要有孩子才算完整」，不斷重複著王子與公主結婚後，生下一對可愛兒女的故事的社會環境。

這樣的想像深入許多女性的腦海，有人甚至相信，自己的丈夫雖然不成熟，但是擁有孩子會讓他變得有責任感、有父親的樣子，以此作為改變對方的手段。

確實有人在有了孩子之後，自覺變得比以前幸福，但是，片面的傳播孩子能讓人感受幸福的這類訊息，卻容易讓人忽略，能讓人感到幸福的，其實是一個人感受幸福的能力。

有無孩子這件事情，並不等於人生幸福的有無。

我還記得當媽媽說，在生下哥哥後原本就希望再生一個女兒，而且我也確實如父母所願在三月出生的時候，我感到難以向他人解釋的驚訝，有一種「原來我是你們想要的啊」的心情。

我是父母想要的，但是我很少有這種感覺，可能是因為我總是覺得，自己讓他們失望了吧。無論父母期望的是老來有個可愛女兒撒嬌陪伴，還是優秀的女兒能給予家裡更多回饋，我都讓他們失望了。

而更多時候，我覺得母親似乎是希望，一個可愛女兒能讓她得到更多丈夫的愛。但是其結果，至少就她看來，反而是女兒分走了丈夫的關注而讓她感到悔恨。

在我的結婚喜宴上，擔任主婚人的母親把麥克風遞到父親面前，半開玩笑地大聲說：「大家都說，女兒就是爸爸的前世情人，真的是最強小三，我女兒出生之後我就被打入冷宮，老公，我現在可以扶正了嗎？」後來還表演了一段老鴇出賣底下的年輕妓女初夜的歌仔戲段子，逗得台下她的朋友哄堂大笑。

我已經忘了我父親當時是怎麼回答的了，總之我看她高興也只是傻笑，對於那段話，還有那段歌仔戲怎麼看都不像一個母親對女兒新婚的祝福，其實當下我是沒有什麼感覺的。

我的大腦暫時停止運作，在和父母相處的時候，我時常會如此，就像變回一個五歲的小孩，沒有判斷力，只能被動接受父母的解釋。父母說是玩笑就是玩笑，我已經習慣了只要有不同的感受就被說想太多，但至少就這件事情我回想起來，這玩笑中，可能有著母親非常真實的失落和挫折。

就像佛洛伊德說的：「所有的玩笑都有認真的成分。」在喜宴上母親戲稱我是家裡的小三，甚至還表演了一段老鴇賣妓女的歌仔戲，雖然她說是因為那是她唯一會的段子，但是我非常清楚能言善道的她，絕對有能力做一段讓人感動的祝福演說。

但她選擇了那個玩笑和後來的表演，這個選擇中有母親的怨，也有我不確定該如何背負，卻又注定要背負的罪惡感和負疚。

身為女兒，我好像搶走了母親想要的東西，沒有為她帶來想要的生活。她原以為女兒是能給她帶來更多愛的，丈夫會因為她流產兩次，為這個家辛苦生下兩個小孩而更愛她一點，但丈夫並沒有那樣的感性，就像許多看著妻子懷孕生產的辛苦，也只覺得女人為此受苦是天經地義，很少提出額外感謝的男人那樣，他的理性，近乎冷漠地傷害了她。

母親在重男輕女的家庭長大，雖然深受祖母寵愛，卻不得父親的寵，除了兩個弟弟佔據了家裡的資源以外，同是女兒，父親卻更疼愛她的小妹。

因為這樣母親其實很嚮往父愛，我這樣猜測，因為她對丈夫的期待其實很像是一個完美父親，但在她無意識地向丈夫尋求的時候，女兒的誕生，反而分走了她想要得到的關注。在夫妻吵架吵到要協議離婚時，丈夫堅持女兒的監護權應該要給他，更讓她覺得，原來丈夫可以不要她，卻不能沒有這女兒。

對於渴望愛，而且這份愛是混雜著對無條件父愛的追求，希望丈夫像理想父親那樣肯定她、包容她的女人來說，對孩子的感情是複雜的。

就像《沒有邊框的鏡子》裡的女人，在女兒一直沒有辦法表現出音樂天分，始終無法取悅她的音樂家丈夫的時候，她把女兒當成自己的失敗。

有些母親甚至把這樣的失望宣之於口，對孩子說：「要是沒有生下你就好了。」覺得自己對不起母親、讓母親失望的孩子，又該如何走出自己破壞了母親的幸福的罪惡感呢？

外人可能會想幫說這種話的母親解釋：她只是想告訴你，她很辛苦吧。甚至會想進一步對孩子說明，那份辛苦表示她很愛你，你要感謝母親。

但是，如果我們把這些母親對孩子說的「都是因為你我才這麼痛苦」、「要是沒有你就好了」等等的話，原封不動地搬到其他的親密關係中，旁觀者可能就不會有此結論，而是能夠理性地判斷，說這種話的人，其實只是想發洩自己對人生的怨懟，也能夠認同被說這種話的人，內心當然會有受傷的感受。

和愛不愛對方其實沒有關係，這種怨，是因為曾經把對方視為能夠讓自己人生變更好的一種工具手段，最後卻失望了。

我們這個社會，因為對母性的了解不夠完整，對母愛有著每個女性都有，是最偉大也最善良的愛的想像，反而讓我們對某些事實視而不見。

事實是，有些母親其實是把兒女當成工具，為了擺脫催生壓力、換取丈夫更多的愛、提升家中地位等等的理由，才選擇生下孩子。

對母愛神話的盲信，會讓我們沒辦法就事論事，去承認在看似最偉大無私的愛背後，也可能有著自私的動機。

必須要強調的是，我這麼說，並不表示全世界的母親都不愛她們的孩子，也不表示我認為母愛全是謊言，更不表示，即使有著自私自利的起點，後來就一定不會發展出母愛。

就像母親養大我、照顧我，縱然有時會有難以言喻的矛盾態度，我也可以感覺到，母親多數時候對我都是善意的。人心非常複雜，從來就無法一概而論，但我想要指出的是，確實有些人把生養孩子當成手段，後來也無法放下自我中心的期待，「有這樣的事情」而已。

每個人都是不同的。有能夠將自己的身體看做過道，生下孩子後，就努力學習好好愛他的人；也有將孩子看成自己的一部分，是自己人生圓滿的工具，如果沒有辦法實現願望，就埋怨甚至是怨恨孩子的人。

我們應該要停止散播「有孩子才叫人生完整」的偏頗想法，也不要強調那些，好像孩子能夠讓原本分崩離析的家庭重新團結、原本不負責任的丈夫會浪子回頭的故事，即使這些故事在現實中有可能發生，也應該要讓大家知道，故事總有各種不同的版本。

人生的幸福和完整，不可能寄託在他人身上，孩子也是生命中的他人，自己能感受到多少愛和幸福，永遠是取決於作為個體的自己。

以孩子作為手段，當孩子能讓自己擁有更多時就愛他，感覺讓自己擁有的變少了，就不愛他，在內心做著這樣的計算的父母，其實並不是真心愛孩子。

這種不愛會變成孩子與生俱來的傷痕，可能花上他一輩子都難以治癒。

相信母愛會帶來母親所需的充裕，就是無視她現實中的匱乏

早上，送孩子出門上學，

孩子正因為太晚起床，

沒辦法綁她想要的辮子而哭哭啼啼。

我知道她正在學習面對人生的事與願違，也想給她時間學習面對和表達情緒，但是我也想到，如果我不是一個可以晚點出門的全職媽媽，而是一個趕著上班的職業婦女，我處理這件事情的方式，肯定就和現在不一樣了。

陪伴孩子需要從容的心，還有時間上相對有彈性的生活，無論是哪一項，都不是自己想要就能獲得。

人們時常假設：生了小孩之後，母親會有一種自然的「充裕」。會自然產生滿滿的母愛，那份母愛會給人滿滿的耐心、毅力，讓母親能夠在自己的壓力快要破表的時候，還是能夠平心靜氣地面對孩子。

也正是因為有這樣的想像，對於失去耐性，對孩子吼叫或打罵孩子的媽媽，會被貼上不愛小孩的標籤，被認為是母親失格，沒有母愛「天性」。

但是，這份假設出來的充裕，真的是事實嗎？

我曾經看過一位婦產科醫師的網路專欄，上面寫著她認為所有的產後憂鬱都來自「母親對嬰兒的照顧不夠」，所有的哺乳類動物都會把孩子帶在身邊，二十四小時不離身地親暱擁抱和哺乳。

「催產素會讓人心情平靜、放鬆」，所以像月子中心，或者是在母親生產完，就把孩子推去嬰兒房由護理師照顧，不強制母嬰同室的現代醫院的制度，是「違反自然天性的」。

她認為產後憂鬱的人越來越多，就是因為「母親親手照顧得越來越少」，保母、月嫂、月子中心、產婦的父母親等等，把嬰兒帶離母親身邊，讓母親失去了和嬰兒親密接觸，大量分泌催產素的機會。

催產素是一種賀爾蒙，會讓人產生幸福感、親密感和愉快的心情，女性在生產後會分泌催產素，讓她樂於照顧嬰兒，和嬰兒的親密接觸，又會刺激更多的催產素分泌，男性就因為沒有這樣的催產素，而被認為沒有天性的母愛，父愛被認為是後天養成的。

看完這樣的論述，我好想問問這位作者，有沒有看過許多女性在母嬰同室的規範下陷入憂鬱的案例，或者是那些因為二十四小時無人可以換手照顧嬰兒，一天睡不到五小時感到孤單無助，最後因為產後憂鬱而跳樓或抱著孩子自殺的人。

催產素如果真的這麼神奇，按照這個說法，沒有人幫忙照顧嬰幼兒的母親，應該是最快樂的，因為自然的天性能讓她們脫離社會，體會到最原始的，生養和哺育的快樂。

這也是一種想像出來的充裕吧，就是認為人的自然天性，那些內建在母親體內的生理機制，就像是一種源源不絕的天然資源，可以解決母親在產後面對的各種問題。

傷口疼痛、母奶堵塞、產後的疲累，還有對性生活無力而可能引起的婚姻關係的緊張。

但人類是一種社會性的動物，最獨特的地方，就是我們早已經不再仰賴純粹的生物本能去生活，我們不是只要本能的需求獲得滿足，就能夠覺得滿足。

即使沒有產後傷口痛、母奶堵塞、小孩難睡所以自己也睡不飽等等問題，光是二十四小時與嬰兒共處一室，脱離了原本的社會生活，人際關係縮限、生活缺乏成就感和沒有來自外部的肯定，這些都可能造成心理壓力和憂鬱，卻在對催產素的迷思下被徹底忽略了。

和女人只要成為母親就會「為母則強」，身為母親沒有克服不了的痛苦和困難，是非常類似的迷思，這些迷思瀰漫在我們的社會當中，讓成為母親之後感到無助的女性，更加地求助無門。

我從我個人的經驗和對身邊人的觀察看來，成為母親之後，感受到的與其說是充裕，不如說是匱乏。

人們幻想母親總是有滿滿的母愛和精神力去解決各種問題，但是事實上，一個被孤立的母親，只會因為不斷地被要求給予、缺乏各方面的補給而有被掏空的感覺。

就以孩子上學來說，趕著要上班的人是時間匱乏，趕時間的情況下耐心也自然匱乏，即使心裡知道更好的陪伴方式是慢慢地引導孩子把情緒表達出來，現實中又能做到多少呢？

我們都是在某種匱乏下持續努力，經濟、時間、體力，很少人覺得自己是資源滿滿地在照顧孩子，而更難以言喻，說出去更常會被說「都是媽媽了還想那麼多」的，是愛的匱乏。

當身邊的人把全部的關注都給了孩子，母親需要的關心和照顧自然就少了，但母親既然是人，就會有人性的需要。她也需要別人的愛和關心，而無法只是單向地付出。

我在想到這些事情時，理解了母親一輩子的怨尤，還有那份怨尤，很自然地在我和她的心上所留下的傷痕。周圍的人如果忽視，甚至否定母親所面對的匱乏，這樣的匱乏，多少都會影響到她對孩子的態度。

以我自己為例吧。在我出生前，原本談好了要把我送到鄉下由奶奶照顧，母親可以繼續她想做而且很有成就感的工作，所以也在生完我之後三天，就打退奶針停掉餵母奶了。

但是父親那邊的親戚有了不同意見，覺得奶奶還要照顧和我年紀相近的堂妹，讓我住到伯父伯母家，勢必也會增加人家的負擔，就這樣取消了原本談好的約定，讓我的媽媽不只是被迫辭去工作，還白打了退奶針，而那又成為後來，疑似讓她得到乳癌的原因。

想做的事情都被迫取消，甚至還因此割去乳房造成一輩子的傷痕，母親有時會在我開心有所成就的時候看著我說：「妳知道嗎？媽媽是因為妳才得到乳癌。」我總是在那一瞬間愣住，不知道該說些什麼。

和身為長子，出生時也沒有讓媽媽受這麼多苦的哥哥比起來，我時常被提醒，能夠留在母親身邊長大的安心感和充裕，是母親掏空了自己、犧牲了自己一輩子的健康和工作成就所換來的。

父親不明白母親為什麼不能「放下」這件事，去諒解奶奶和親戚的立場，總是說「那都已經過去了」，但得到乳癌，割去身為女性的身體表徵，一輩子為傷疤的搔癢和淋巴的疼痛所苦，其實最需要的是被理解和認同。

父親並不懂得心疼母親，因此，母親渴望得到認同的對象就變成我了。她希望我知道，生下我的時候發生了這些事情，對她當時和之後的人生產生了不可挽回的影響。

我看過母親那凹陷下去的胸膛，總覺得她好像是挖去了一部分身體來養育我。我於是注定背負著愧疚，如果不是我，或許母親會有截然不同的人生。

當然，我也有想要逃避的時候，也會質疑這件事情，如果發生在生養哥哥時，是否母親也會有同樣的埋怨。有些母親面對兒子和女兒的態度就是不同，兒子是她們永遠不願意去埋怨、去讓他們感到內疚的對象，兒子就是拿來疼的，女兒，則是拿來要求情感上的支持。

但是，去想像如果不是我又會如何，其實也沒有意義了。過去的事情既然已經發生，背負與否也就並非我能選擇，我只是想到就會覺得，世人所想像的，母親親手照顧孩子就會產生的那份充裕，跟現實中許多女人遭遇的匱乏，形成了多麼強烈的諷刺和對比。

有些母親就是因為這份匱乏，無法克制地在孩子身上或心上留下傷痕，這樣的傷痕看似出自個人的理由，背後都有社會性的原因。

當整個社會都在假設，每個女人都會為母則強，都會有天生的母愛或催產素，幫助她們度過一切難關的時候，就是在無視她們現實中的匱乏。

而已經很匱乏，缺乏時間、體力、金錢、精神上的支持和情感上的滿足的時候，給孩子的，有時就很難是純粹的愛，而是難免複雜，有愛也有怨的包袱。

家庭裡有人不負責任，就有人過度負責

在為家人的事情感到難過的時候，

最讓我感到溫暖的一句話是：「不要自責。」

當時我正訴說著自己的委屈，但內心其實很害怕，擔心聽的人會覺得：「被家人那樣對待，一定是自己也有問題吧」。

沒想到對方卻拍了拍我的肩膀，只對我說了一句「不要自責」。

原本就已經滿臉是淚了，聽到這句話，驚訝、不敢相信的心情，更是讓我的眼淚滾滾而下，與其說這是一句安慰，還不如說，是覺得自己真正的痛苦被看見而且被理解了。

連自己都沒有清楚意識到的脆弱和傷心，是即使正說著對家人的不諒解和委屈，振振有詞地說著「這樣對我不是太過分了嗎？」其實內心深處，還是有著恐懼和自我懷疑。

——也許事情會變成這樣，都是因為我。

是因為我講得不夠清楚、表達能力不好，是因為我嘴不夠甜，才會讓對方把我的好意當作惡意，是因為我太晚開始學習獨立，對方才會一直覺得我應該要聽話，把我有自己的想法這麼理所當然的事情視為忤逆、視為對家人的不知感恩和攻擊……

如果我不是這樣的我，而是像其他手足那樣，和父母的溝通良好，無論做什麼都能夠被理解和接受，從來不被批判，或許事情就不會變成這樣，但我明明是比誰都希望和睦相處，渴望擁有幸福家庭的人。

一直到二十幾歲，朋友的夢想都是出國念書、追求更高的成就的時候，我還是說：我最想要的是一個幸福的家庭。

這個夢想至今依然不變，我想要一個可以安心說話，可以放鬆做自己的地方。

想要家人之間會噓寒問暖，會關心彼此累不累、心疼對方在外面受的傷。

在和朋友訴苦時聽見的那句「不要自責」，讓我意識到我內心拼命壓抑著的，除了憤怒和傷心以外，還有對自己深深的不信任感。

我很容易覺得是我的錯，只要事情稍有不對，對方對我有所不滿，或者宣稱他們因為我而失眠、憂鬱、體重減輕、生病，我就會自責是我的問題。

不去包容不成熟的人，只會證明我比他們更不成熟，而我的不成熟好像更不應該，因為，別人已經是那個樣子，「妳就不能多理解一下嗎」，這些指責聽起來，總是那麼令人刺痛，又好像很有道理。

是啊，我理解不就好了嗎？我稍微忍耐一下，退讓一下不就沒事了嗎？不是早就知道對方是這種個性嗎？知道對方不能被拒絕還拒絕，難道我不該為其他人也受到波及而感到愧疚？但是到底為什麼，我的感受和想法永遠都是不重要的呢？

在覺得憤怒和傷心的同時，我也不停責備自己為什麼會感到憤怒和傷心，就好像我的內心，其實也相信自己是「沒有資格」因為自己所受的對待而感到傷心不平的人。

事出必有因，而我覺得那因一定都在我的身上。我不知道是在何時養成這種過度負責的心態，只知道已經深深影響到我對待別人和對待自己的方式。

朋友那句「不要自責」，救贖了其實一直在內心責備自己的我，讀懂了我所有看似委屈的控訴背後，其實都有一個討厭自己、認為一切都是自己的錯的小孩。

我為了自己無法再更好一點而感到疲憊，對於過多的責任和期待，也覺得無法明白為什麼是我，能者多勞這句話在家庭裡就是一個諷刺，無關於性別、年齡，雖然也時常是以性別和年齡為基礎，但不管怎樣，一旦你被認為有能力去承擔傷害、承擔其他人不想承擔的責任，不去為其他人承擔反而會變成是你的問題。

沒有人會覺得其他人的逃避有錯，有錯的，會變成是因為有能力，而被認為沒有資格逃避的人。

「那個人就是不理性啊！那你還去跟他計較。」就這樣，家庭時常變成是由最不理性、人人都害怕他會亂發脾氣的人在主導，其他人則互相推卸責任，只要他發脾氣的對象，現在不是自己就好。

有些人就這樣被挑選出來做家庭裡的黑羊，當他是那個唯一的受氣包，其他人就可以安穩過自己的日子，偶爾跳出來責備，那個人為什麼不願意乖乖受氣。

家庭裡的傷害之弔詭，就在於家庭裡從來不講公平。

家庭一直都是以一個整體的方式來運作，每個人會被分到不同角色，有人幼稚，就要有人加倍成熟。

不要讓這個家分崩離析，或者不要讓它失去表面上的和平，會變成每個家庭成員暗默的共識，為了這個目標，去犧牲其中一個或兩個人，都會被認為合理。

個人是為家庭存在的，而不是家庭為了保護個人而存在，就在家庭變得這樣抽象，卻又是最高目標的時候，有很多家庭，只為了拍一張看似圓滿的全家福，而讓其中某些人的心支離破碎也在所不惜。

好好相處明明是每個人的責任，尊重他人也是，但是如果家庭裡有人做不到，受傷害、不被尊重的人，卻往往不被允許轉身就走。

他會被指責不能為家庭而堅守，就是對家人的愛不夠、不成熟、自私。

我時常想為什麼每個人的責任感差距如此之大，就連同一個家庭出來的往往也判若雲泥，就是因為家庭運作的方式，從來就不重視個人與個人之間的平等，而是有人做少一點，其他人就要多做一點。

所以明明家庭裡父母傳遞的是同一套價值觀，但是有些人從不自責，有些人則自責過度。

「家不是講理的地方，而是講情的地方」，這種流行的說法讓我們徹底忽略一件事，一個不講理的地方，才最是無情。

因為痛苦的事情由誰承擔，誰承接家中某些人，那彷彿暴風一樣破壞力極強的情緒和壓力，誰負責沒有人想做，卻又非要有人做不可的事情，這些責任的分配，往往都是用情緒勒索當中的某些人來完成的。

這個人不能像其他人那樣訴求公平，否則就會被指責不成熟或自私、不顧家庭。因為能者多勞，或各種乍聽之下言之成理的說法而被要求承擔最多，其他那些說家不是講理的地方、是講情的地方的人，對這個人又有多少感情呢？

如果完全不在乎一個人的感受，只是單純地為了這個人終於願意承接燙手山芋，或者願意忍氣吞聲而感到高興，那份理應存在於家庭當中的愛，真的還存在嗎？

人與人之間如果沒有相互尊重，沒有平等的互動和交流，所謂的家人之間的愛，也只是一種被塑造出來維護既有秩序的幻想而已。

而且這樣的說法還可以拿來當作武器，當其中某些人，不按照另一些人的期待和要求去做的時候，就會有人說：「枉費我們那麼愛你。」

非常渴望被愛的人就會被操弄，會希望有一天，自己的忍讓或加倍負責，能得到其他人的感動或感謝，能得到一點點的「愛」，但是真的會為之感動並且表達感謝的人，其實不會用情緒勒索的方式，來逼迫別人去做自己不想做的事情。

負起過多責任的人不會被認為比其他人辛苦，只會被認為理所當然，甚至有一天他累了、做不到了，還要被質疑是否不夠努力，至於其他從來沒有真正負起責任的人，表現得就像本來就不是他的事情那樣輕鬆。

我很不喜歡「家不是講理的地方而是講情的地方」這句話，因為這裡的「情」不是讓人感覺溫暖和安全，也不是表達你的感受會有人在乎的那種「情」，而是情緒勒索的情，一群人對於少數人或者是一個人，聯合起來情緒勒索，要他做其他人都不願意做的事，而且並不感謝他。

那種情況彷彿獻祭，有人犧牲了自己，換來整個家庭表面上的和平。

受傷的孩子總是想要相信「傷害也是一種愛」

整理房間時，找到高中時英文話劇比賽的照片，當時我是編劇，故事發想、人物設定、角色台詞都是我的工作，而我寫了一個關於家庭的故事。

故事裡有上班族的爸爸、個性強勢的媽媽、叛逆的姐姐和漫不在乎的弟弟，還有一個住在公園裡的流浪漢，總是坐在垃圾桶旁的長椅上。

從人物設定就可以看出家人間關係不睦，總是互相指責，個性軟弱的爸爸想要平息家裡的爭執，希望妻子和女兒不要起衝突，但又更讓妻子覺得他沒在管教而疏於家庭責任。

功課好的弟弟只想要唸書時不被打擾，弟弟的受寵讓姊姊更不能接受父母對自己的管控，我記得這齣戲寫了五幕，只有兩個場景，一個是晚餐時一家人在餐桌上互相指責或者冷戰，另一個就是爸爸提著公事包，為逃避家裡的氣氛而躲到公園，坐在長椅上和不說話的流浪漢抱怨辛苦。

這個家裡每個人都在抱怨，我還記得給這爸爸寫過一句台詞，說他羨慕流浪漢的自由，「No wife, no kids, no trouble.」演出時好像還讓評審笑了。

現在想我怎麼會寫出那樣的東西呢？當別的班級的演出是一個考古學

家遇到了死而復生的木乃伊公主，和她談起戀愛的浪漫故事，我已經開始寫氣氛沉悶的家庭劇了。

真的是從很小的時候，我所關心和思索的對象，就是婚姻和家庭。

《在婚姻裡孤獨》這本關於婚姻的著作出版後，接受廣播節目的邀約，主持人還驚訝問我，光看書的內容，會以為我已經結婚三四十年，對婚姻很有體悟了。

但實際上我目前的婚齡不過十年，可能因為我並不是在自己結婚以後，才開始思考婚姻和家庭。

我是從小看著父母的婚姻，就開始思考愛、婚姻、家庭和親密關係究竟是什麼了。特別感到疑惑的是，為什麼父母總說：「每一段婚姻都是千瘡百孔」。

明明是自由戀愛，和自己喜歡的人結婚不是嗎？對想法還很單純的孩子來說，很難去想像人為什麼沒辦法做出最合理的選擇，而是和讓自己傷痕累累的人一直在一起。

離婚反而是可以理解的，至少對當時的我來說，合則聚，不合則散，就跟小朋友吵架絕交一樣，因為太年輕而無法理解有些人要離婚其實也很困難，所以當時的困惑就是，跟自己喜歡的人結婚，為什麼會變得那麼痛苦？當然能從大人那裡得到的解釋也很有限，就雙方都覺得是對方不對就是了。

而我至今仍有印象的是，那齣英文話劇的最後，我安排爸爸又一次去找流浪漢訴苦。當他抱怨著自己的人生和羨慕對方無牽無掛的自由時，一直都沒有一句台詞的流浪漢突然抓狂，憤怒地踢翻了旁邊的垃圾桶。

「我不是你的垃圾桶！」我讓他這樣對著飾演爸爸的人、對著台下喊出：「我不是——任何人的垃圾桶！我受夠了你一直來把這些討厭的事情告訴我！」

故事就在爸爸的一陣愕然中結束了。

因為他以為這個流浪漢要不是聾子，要不就是啞巴，總之，他以為他是個可以盡情傾訴而不用考慮後果的對象，也擅自覺得對方過得比自己好，聽這些事情不會有任何負擔。

我在這齣劇裡投射的自己，其實是這個流浪漢的角色。

不是家庭裡的任何一個人，而是那個被迫傾聽、不能回話、就算聽見了對自己不公平的酸言酸語：「你最好了啦！什麼煩惱都沒有」，也不能生氣和回嘴。一直被當成情緒垃圾桶，總有一天也會因為承受不了別人倒過來的負面情緒滿載而破裂，即使是看起來被妻子貶抑、被孩子無視，連一頓飯都不能好好吃的可憐的人，也有相對於他更可憐，而且被他拿來利用和無視的對象。

我想表達的就是這樣一種感覺，每個人都沉浸在自己的痛苦當中、覺得自己是家庭裡最可憐、最辛苦的人的時候，就會看不見自己對其他人的殘忍，因為自傷自憐，而讓別人承擔了許多。

每個人都不快樂、每個人都很可憐，但是，每個人也都是可憐之人必有可恨之處，在自覺被家庭壓力壓得喘不過氣的時候，總有人被當成浮木那樣緊緊抓著，被認為是可以說的那個人，承擔的不只是保密義務，還有情緒的壓力。

想到家庭，高中的我竟然是寫出這樣的劇本，果然人在創作的時候透露最多，無論當下自己有沒有意識到，創作都是一種表態和立場的選擇吧。

還有一次，意識到自己對婚姻和家庭的感受，和別人有些不同的經驗，是在研究所的時候。在關於跨國婚姻、國際移民議題的課堂上，老師播放了外籍配偶的紀錄片，片中，從貧窮的國家嫁來台灣，和腦性麻痺的丈夫一起過著胼手胝足的生活的妻子，在要求丈夫寄錢回娘家結果起了口角的時候，對丈夫破口大罵：「就是為了錢啊！不是為了錢我幹嘛嫁給你啊！」這段婚姻的現實血淋淋地呈現在觀眾面前。

看完影片後老師問我們感想，同組的學姐說：「這段關係沒有愛，看了很難受。」

我雖然也覺得看著很難受，特別是覺得小孩被迫旁觀父母這樣的爭執很可憐，但是想到片中也有丈夫送禮物努力討好妻子、一家出遊的片段，就忍不住說：「我覺得，應該還是有愛的吧。」

學姊用驚訝的眼神看我，但是我也不知道該怎麼解釋，就說「應該還是有吧，感情有很多種啊」這類說服不了別人的話，學姊沒有再追問，而是含蓄地打了圓場。

現在想起來，與其說我真的相信那段關係有愛，不如說，我是希望自己能夠相信吧。

因為在好的時候能夠拍一張和樂融融的全家福，看似正常的全家出門旅遊、聚餐、說說笑笑，但是在不好的時候就把這段關係最不堪的一面揭開，踩對方最脆弱也最不堪一擊的痛處，那對我來說，是在生活中見過不只一次的事情。

我就是在那樣好的時候一切正常，壞的時候平日的好都要全部推翻的家庭中成長，年輕時我沒有和其他人聊過這件事情，因為我一直以為，每個家庭都是那個樣子的。

生氣的時候會口不擇言、吵架的人會不顧一切地想贏，這些事情雖然我並不喜歡，但是，我一直試著用「這是正常的」的方式去加以理解。

就算再怎麼傷痕累累，隔天起床，孩子小心翼翼地打破沉默之後，又有可能好像「什麼事都沒有」一樣，我不能去否定那樣的關係有愛，因為如果否定，我就是在否定自己的家庭。

父母談到婚姻的時候會說：那個誰誰誰之前還說，她跟老公吵架時，會去拿以前劈柴的那種柴刀到後面院子裡去砍樹，就是恨到想要殺了那個人……

諸如此類的故事讓我對婚姻充滿疑惑，真的是每對夫妻都這樣嗎？人前笑咪咪，人後想殺了對方？痛苦到想要自殺或恨到想要殺死對方，是婚姻的常態和真相嗎？

但是身為孩子，因為那是自己在出生時就身處其中的世界，所以再怎麼疑惑，還是想要相信父母給自己的解釋，希望自己是在有愛的家庭裡成長，就不會去否定父母之間的愛。

但我還是因此產生一種悲觀的想法是：人生好像沒什麼好期待，一個不會那麼不穩定的家庭，好像是我一廂情願的想像而已。

孩子因為在原生家庭裡出生，對原生家庭的運作總是照單全收；父母，又因為總是要替自己不完美的一面尋求解釋，就對孩子合理化自己的行為。

孩子於是接受了一段關係會時好時壞，所謂的愛，就是會互相攻擊傷害的這種想法。以前的我還自認為比別人更加成熟，覺得對愛情和婚姻沒有美好幻想，就表示我能夠用「更廣的角度」去理解婚姻和家庭。

但是在研究所的課堂上，被問到一時語塞的時候，我不可避免地意識到，自己其實是順著父母的話在自圓其說，內心其實並不是那麼喜歡這種對婚姻和愛情的解釋。

也察覺到自己內心一直存在著的那份違和感，就是我在原生家庭裡產生的，對愛的疑惑。

如果相愛的人彼此攻擊和傷害都是理所當然，翻臉就會變成恨，那到底愛有什麼值得憧憬，不是比淡淡的友情和禮貌還更讓人感到危險，更容易受傷嗎？

去思考這些事情很像是對父母的背叛，因為這就等於是在懷疑父母的說法是錯的、我們的家庭其實是特例，但我還是控制不了自己的內心，有一種想要自己去尋求答案的衝動。

想要解開一直以來對愛的疑惑，還有實現內心深處，「或許我可以有所不同」的一絲期盼。

要活出自己，追求實現自己的想法和願望，或許，就是不可避免地會變成對父母的反叛吧。對某些人來說，因為和父母對人生的信念不同，要順順地走在自己想要、父母也覺得認同的道路上，就是那麼不可能的事情。

不想放棄幸福家庭的憧憬，對父母說的「婚姻皆如此」的一絲懷疑，讓我終究還是建立了自己的家庭，不是克服了自己對親密關係的恐懼，而是帶著恐懼做的決定。

婚後十年，家庭裡當然還是會有衝突，但是我從來沒有感覺到對方會故意讓我受傷，沒有從對方那裡感受過恨，也沒有像在原生家庭裡那樣，有種一吵起來平日的好都要推翻，整個家庭都要崩潰解體的感覺。

回想起過去學到的對愛的解釋，搞不清楚愛究竟好在哪裡，因為想到愛就很難不聯想起充滿恨意的場景，我覺得現在的自己，終於是在往自己想要的方向走了。

如果我還像過去那樣想要相信，堅持互相攻擊起來沒有底線的關係也有愛的話，我可能還是會給自己塑造類似的地獄，盲目相信「傷害也是一種愛」吧。

父母如果合理化自己的錯誤，孩子就會有錯誤的認知。

現在我自己也有了孩子，更常提醒自己在親密關係、親子關係當中，遇事要好好溝通，彼此尊重和關心。

不只是因為我自己想要一個會互相心疼、不忍心彼此傷害、再怎麼樣都保有一絲理智的家庭，也希望能讓孩子感受到，婚姻和家庭雖然並不完美，但絕對是溫暖和安全的地方。

希望這樣的認知能引導他未來對親密關係的追求，不要相信傷害也是一種愛，把恐懼和緊張視為理所當然，要知道在真實的愛裡，最基本的就是安全。

即使不能相互理解，也知道對方和自己一樣寂寞

哲學家克里希那穆提說：「有多少個人，就有多少個意識，就有多少個不同的世界。」

我在讀到這句話時，想起了會讓我感到悲傷的事情。就是無論我怎麼想、怎麼解釋和溝通，對於某些人來說，我僅僅是說出自己的想法，就是傷害他們的壞人。

哪怕我沒有那樣的意思，對別人來說我有就是有，克里希那穆提的說法就是要提醒大家，我們只是乍看之下活在同一個世界，其實還存在著千千萬萬個世界，每個人都有自己的意識創造出來的空間，看見和對事物的理解都是不一樣的。

這是一個事實，卻總是讓我有些傷感。覺得這好像意味著，既然每個人都有自己的想法所創造出的世界，對事情的前因後果都有自己的詮釋和認定，那麼對於某些人，我們或許是沒有辦法敞開自己世界的大門，和彼此的心靈再接近一點了。

每個人就像活在自己的星球上，有自己認定的事物的道理，那麼一定也有某些人的世界比較能夠為他人敞開，而某些人無法的差異吧。

想試著去了解對方的世界原來是這樣，雖然無論如何，也只能做到像從自己的房子窗戶裡看出去那樣的程度，無法真的把自己帶入對方的立場，用對方的性格想法去解釋事情，但是，如果能感覺到彼此看見的景色相近，可以用類似的語言溝通，也會覺得特別的感動和受到安慰。

每個人都害怕成為獨自一人。

所以即使知道自己的世界和別人的並不相同，我們永遠沒有辦法用別人的眼光、別人的人生經歷去看事情，我們依然需要和別人靠近，試著去理解別人，也讓自己被理解。

感受被認同，是一個人能夠認可並相信自己存在的基礎。

這就是「存在的踏實感」，是我在心理學家長沼睦雄的書上看到的。

比方說吃飯的時候，父母問孩子：「好吃嗎？」孩子覺得好吃就回答：

「好吃」，父母也露出笑容。在這種看似微不足道的互動當中，孩子其實學到了自己的感受是可以表達出來，也是可以和別人相互理解的。

父母看孩子開心就跟著微笑，孩子看著父母微笑也跟著笑了，這些瑣碎的日常，其實對人在成長過程中，建立自己「確實活在這裡、和別人在一起」的感受是非常重要的。

很多被認為是邊緣性人格障礙，無法融入社會，也無法理解他人感受或心情的人，就是在成長過程中少了這樣的互動，自己的感受和他人無法共鳴，於是也感受不到自己的存在。最後就可能因為想要向一直無視自己的社會報復、或者是向壓抑自己、不允許自己有自我感受的父母報復，就做出傷人傷己的事情。

存在的踏實感，對每個人，甚至對社會的存續都是非常重要的。

所以，即使是如克里希那穆提說，有多少個人，就存在著多少個世界，也不表示我們就要對各自的世界保持距離，放棄互相理解的幻想。

相反的，就是因為各自的世界都不同，所以人與人更要互相交流，盡可能地去達到相互理解，透過理解來確認彼此的存在。

溝通能夠產生連帶感，也能夠化解、撫慰人一生下來，脫離了母親身體之後，就揮之不去的那份孤獨。

因為每個人都有不同的想法所以會感到孤獨，卻也因為同樣的道理，人與人之間的互相理解、嘗試要互相理解的那份心意，才會這麼地令人感動。

我在看到克里希那穆提那句話時，內心被勾起的悲傷，就是想到某些我非常重視的人，他們內心的宇宙，看見的應該是和我完全不同的世界吧。

有些不同世界之間，又太過遙遠了。

即使想要搭起橋樑，也跨越不過那段距離，我們就像各自住在不同的星球上的住民，想要向對方訴說、讓對方了解的那份心情，有時在好不容易抵達對方那裡時就已經太遲。

認知到完全的相互理解是不可能的時候，覺得寂寞，但是這份寂寞，或許就是我們能夠放下差異，彼此溝通的最大的共同點吧。

家人之間，只要想到彼此都會死，就會變得溫柔

忘記是從什麼時候開始，

我很常做類似的夢。

夢裡總是爸爸、媽媽、哥哥，有時還有嫂嫂，我跟在他們後面，雖然是一家人，卻總是因為某些理由而落單。

有時是沒有趕上大家一起出發的時間，有時是錯過車子，總之以爸媽和哥哥為主的一家人總是不會等我，「妳自己跟上來！」我點頭，努力在陌生的地點找到他們。

有個印象特別深刻的夢，是我們一起去山上的小木屋玩，分配房間的時候，業者告訴我們，其中一間是有女鬼出沒的房子。

夢裡的媽媽看著我說：「妳沒問題吧。」

我想都不想就點頭：「嗯，我可以的。」心裡其實怕得要死。

不知道為什麼，我覺得不能夠拒絕，光是聽見這件事情，就知道這間房間一定會被分配給我，也知道我如果說出害怕，一定不會得到諒解。

但是夢裡在睡覺的時候，女鬼真的從我床前的鏡子出沒，我嚇出一身冷汗驚醒。

諸如此類，還有像是跟家人約好了時間，家人卻自顧自地上車離開，我在山上或大城市裡迷路，努力想要辨識周遭是否有熟悉的景物，一直安慰著自己說：「不要怕、沒事、我可以的」，實際上怕得想哭。

在大學時代認識了當時的男友、現在的先生之後，夢裡有時候會出現一個可以求救的對象，我會拿起手機，撥給他，跟他說我現在在哪裡，或者我不知道我在哪裡，但他說他會來找我。

夢裡的感受無比真實，那就是我在跟我的父母、哥哥相處，或者是旁觀他們相處時的感覺。

十幾歲的時候就離開了家、在外縣市生活的哥哥，和父母相處一直都有著距離產生的美感。

原本就不是不照顧兒子的父母，所以在兒子離家之後，更覺得自己沒有照顧到他而時常感到心疼，哥哥回家時爸媽總是歡天喜地，那種氣氛，好像他會帶著禮物回來，但僅僅是他出現就是一份禮物的感覺。

有手足和父母分開住，而自己則是和父母同住的人，應該都能體會那種感覺吧。

因為住在一起所以並沒有想念，反而更容易因為相處而起摩擦，生活方式被批評或互看不順眼，從國家大事到生活瑣事，都可能引爆「在這個家裡要聽誰的」的衝突。

沒有住在一起就不一樣了，既像友人，又比友人更加親近，我總是在父母吵架時打電話叫哥哥回來，因為知道他一回來，相聚的喜悅會立刻把夫妻冷戰的氣氛沖淡，我就可以輕鬆一些，但同時，又對能夠做到這件事情，好像擁有魔法一樣能夠解決家庭紛爭的哥哥，感到非常的羨慕和嫉妒。

他的存在像是一個禮物，只要他一出現，就能讓爸媽忘記原本對彼此的不滿。

我的話，只會勾起父母更多的不滿而已，因為他們總是會覺得在我身上看到對方，或者是看到自己不喜歡的特質。

哥哥的個性，其實也比我更能夠和爸媽親近，他比較圓滑，而我面對父母時，就是不善言辭。

我的夢境，某種程度反映了我對現實的感受，我覺得爸媽和哥哥很親近，那份親近是我渴望但得不到的，除此之外，我也有很多被他們否定、不被接納和認同的經驗。

無論是現實還是夢中，我一次也沒有提出質疑：為什麼爸媽會在某些時候，理所當然地以保護者的姿態，和哥哥站在一起？而他們卻總是覺得我不需要幫助，我一個人可以。爸媽跟我在一起的時候，不管他們是否這麼認為，我總覺得他們的態度並不是保護者，我並不能表現出脆弱的一面，只有哥哥才是他們會時常放在心上，看他脆弱會覺得不捨、辛苦會覺得心疼的人。

在現實中，我也是在遇到先生之後，才知道向別人訴苦、示弱，說自己會害怕或做不到是可以的，我可以維持現狀，而他覺得我這樣就很好。說出脆弱也不會被他批評軟弱，我才開始覺得，自己原來可以放鬆一點，不用一直自我要求要更努力，作一個「更好的人」。

只是好幾年來，我做的夢都有類似這樣的情節：夢裡我總是在徘徊、尋覓，想回家、努力想跟上家人的腳步。

但是最近，我做的夢開始有些改變了。

大約一年前，我夢見和母親站在一間屋子的窗邊，窗外是類似歐洲的雪景，還可以清楚看見我國中時喜歡過的明星，和很多觀光客在一起滑雪玩樂。

「他們都是這樣的啊。」我跟母親說著。醒來後我才意識到為什麼這個夢印象深刻，因為我幾乎沒有在夢見父母親的時候，不是只看見他們的背影，而是可以這樣並肩站著輕鬆地說話聊天的。

半年前，又做了一個非常清晰的夢，夢見自己和父母站在一棟小屋的窗邊，窗外是海邊打上來的大浪，海嘯淹沒了遠方的屋頂，還一直朝我們靠近。

世界末日。我們心裡都有這樣的感覺，清楚知道我們活不久了，很快地，海嘯就會將我們吞沒。

我在夢裡只想著有件事情我非說不可，就對他們說：「爸爸媽媽，謝謝你們生下我。」

還記得說完這句話後我整個人鬆一口氣，覺得現在就算死也沒有遺憾了。

有種最重要的事情已經說了的感覺，房子卻突然倒退，像是車子在加速倒車那樣，我們就像轉頭看後方車窗的乘客，房子一直在遠離海邊，和原本就要淹沒整個房子的海嘯拉開了一段距離。

或許我們會活下來。心中突然閃過這個念頭，然後，我就醒了。

因為一直做很類似的夢，特別的夢反而印象深刻，我還記得過沒有多久就是我的生日，在生日那天，我也確實傳了簡訊給爸爸媽媽說：「謝謝你們生下我，我覺得生命很辛苦，但是很美好。」

我依然記得在夢裡，覺得這句話最重要、我非說不可的那種感覺，而那也是我現實中的心情。

不管我們的關係怎麼樣，不管有過多少次，覺得自己和這個家庭格格不入，說出來的話都不被理解所以越說越少，只要想到人終究會死，就覺得最重要的是要表達感謝。

因為被生下來，才能夠思考和體會這一切，好或不好都是活著才有的感受，到了人生這個階段，我感謝生命，感謝活著。

河合隼雄說過：「人，只要想到自己終究一死，就會變得溫柔。」

因為這個夢發生在新冠疫情最嚴重的兩年，我可能也受到生活中揮之不去的死亡陰影所影響。

確實有些事情，在彼此都會一直活著的想像下，會變得執著，而只要想到：人不會一直都活著，就能夠做到，對該感謝的事情表示感謝吧。

接下來我又會做什麼樣的夢呢？跟不上父母腳步的夢越來越少，可能反映出的是現實中，我已經擁有了一個自己的家。

和現在的家人，丈夫和孩子，是我理想中的能夠相互關懷的家庭，因此不再為了跟不上原生家庭的父母而覺得那麼恐慌，開始能夠覺得，他們那裡是一個家庭，我這裡也是一個家庭。

我是一個有家的人，這是我現在的感覺。

後記

我活出自己的方式，就是寫出自己的想法和心情

四十歲的第一天，過得很平凡。

但覺得這樣很幸福，能夠有平凡的日子可以過，早上，起床吃早餐、送小孩上學、在家做家事、工作，煩惱依舊在，但是人生，就是不可能沒有煩惱的。

不是期許自己變得越來越豁達才變得豁達，是終於知道，人生，就是要學著跟煩惱共處。

奇怪的是，一旦意識到煩惱不可能擺脱之後，那種非得要解決問題，把困境和惱人的事情都努力消除的急迫感消失，反而覺得肩上的重量輕了許多，開始能看見平凡的幸福。

中午打算為自己煮一碗白粥，讓一緊張起來就容易緊縮的胃部好好消息，原本考慮著是否看場電影當作自己生日的儀式，後來覺得，一旦被儀式感追趕，原本是當作生活調劑，要犒賞自己才去做的儀式，就會反過來變成一種待解的任務，本末倒置了。

既然如此也決定不急於一時，等有非去不可的衝動再去吧。因為昨晚吃錯了東西感到胃不舒服，到今天身體依舊懶懶散散，可見得雖然吃了胃藥，內部器官依舊打了一場仗吧。

決定像這樣傾聽自己身體的聲音，跟傾聽內心一樣，不勉強自己，也不過度要求自己努力。

在人生邁入四十歲的當下，覺得是很好的開始。

把過去逼死自己的成就慾望，想要變得更好、更接近成功、受人肯定的念頭逐漸放下，從此要過屬於自己的人生。

本來就是會去質疑那些事情有什麼意義的人，可能是因為從小在原生家庭中，我就時常會想，父母在外面看起來是還算成功的人，小康家庭、穩定的工作和不錯的形象，但是在家裡並不像真正的快樂。快樂和成功如果真的只能擇其一，該做什麼選擇呢？

對於人們相信的「成功自然會帶來快樂」這件事情，好像一開始就感到懷疑了。

但是，過去的我也有非常想要成功的時刻，想要爸媽肯定我、為我感到開心，更重要的是，希望能讓他們喜歡我這個女兒，在意識到自己做許多選擇其實都有這樣的內心動機時，才真的想把成功這個目標放下了。

想做自己真正想做的事，成為真正想成為的自己。因為這樣，時常覺得快三十歲才正式離開原生家庭，建立自己生活的我，好像是在三十歲之後重獲新生。

而那之後，又過了十年了。這十年的我像一個新生的生命，和孩子一起成長，也有感到迷惘和辛苦的時刻，但是，過去的我從來不曾活得如此踏實。

人生的前半段過得渾渾噩噩，因為我一直活在自己並不擁有自己的生命，而是有許多被要求的事非做不可的幻覺。

現在四十歲了，感覺越來越看見真實的自己。想寫一些過去蒙蔽了自己的東西，還有過去受困於「我是家裡的孩子」這個身分，覺得自己沒有權利訴說的事情。

其實也不過是自己的想法和感受吧。一個人能不能訴說自己，本來就是跟社會不平等有關的。

二〇二一年有一段期間，我的身體非常不好，外在環境雖然不到新冠肺炎疫情最嚴重的時候，但生活已經開始隱約壟罩上一層陰影，而我也因為一段長期的勞累和失眠，免疫力下降，開始了吃藥、看醫生、病情反覆的日子。

那時最讓我覺得可怕的是，我其實不知道自己怎麼了，只是時常會走在外面一段時間，就開始覺得疲憊，甚至到了需要躺下來卻還是覺得全身不對勁的程度。

「休息幾天就會好了。」我總是這樣想，但身為母親畢竟無法徹底休息，孩子一回家，媽媽媽媽的叫個不停時，我就會努力打起精神，陪他們說話和做家務。

我是個容易擔憂、性情又悲觀的人，明明才四十歲，身體的不適已經讓我時常感到害怕，覺得有許多人其實也是在這個年齡階段，突然檢查出嚴重的疾病或早死。

我不敢跟別人說我的擔憂，就怕被說杞人憂天，但當時，也因為疫情逐漸嚴重的關係，每天都有人從確診演變成重症死亡，我相信不只是我，許多人都想過，如果自己的人生毫無預警的戛然而止會怎麼樣。

人平常是用一種自己不會死的想像在過生活的，因為如果一直想著生命無常的事情，平日的追求會突然變得失去意義，我們需要活在當下，就必須在意識上，把死亡這件事情推遲。

現代人沒有自然地把死亡納入生命的一部分，反而將死亡病理化、不正常化，好像只有不照顧自己的健康，或者有非常突發的意外人才會死，所以，像疫情這樣的事情，突然把無常帶到了眼前，我相信許多人都是惴惴不安的。

——害怕死亡，就等於害怕生命。

當時的我時常這樣提醒自己，不要被對死亡的恐懼所困，要踏實地活在當下。

但是，不可諱言我還是處於日常的擔憂，特別是看著天真無邪，只知道停課，卻渾然不知外在世界已經天翻地覆的孩子，我既害怕說得太多，在他們心裡過早埋下對死亡的恐懼，又怕說得太少，孩子對於生命的自然過程，會變得跟我們一樣，做不到適當的心理準備。

也是在那個時候，我察覺到對我自己來說，**寫出自己的真實**，是多麼重要的一件事。

我每天捫心自問，如果下一個確診、甚至演變成重病死亡的人是我，我心裡最大的遺憾會是什麼。

第一個當然是孩子，我害怕的不是自己生命的消逝，是害怕他們呼喚媽媽時，再也得不到我的回應。

年幼的孩子需要母親給予的安全感，而這個給予的人如果在他們尚未準備好的時候離開，會留下難以治癒的傷痕。

我害怕他們受傷、害怕他們痛苦、傷心，這些心情，都遠遠超過了害怕自己會發生什麼。

我又一次察覺到身為母親的堅強和脆弱，堅強在於，我覺得任何對自己來說危險或痛苦的事情，和讓他們陷入危險或痛苦相較，我都變得可以承受了。

但是脆弱也在於此，我沒有辦法知道，自己有沒有能力永遠保護他們，還有在他們需要的時候陪在身邊。

每天從外面回到家，消毒全身衣物和帶回來的東西就有用嗎？學校開放時我就該讓他們去嗎？如果他們確診了怎麼辦？如果留下後遺症，我會無法原諒我自己。

在那個還沒有疫苗，人類對這個病毒的掌控力也還很薄弱的時候，我時常感到害怕，不知道會不會永遠無法回歸正常生活。

但是到後來，時間一長，連不正常的生活感覺都已經常態化，而感受起來像是「正常」了。有點佩服人類的適應能力，或許也是一種自我麻痺的能力，當害怕到太害怕、鬱悶到太鬱悶的時候，感覺過度敏感的心靈也開始封閉自己，不讓自己去想、去聽，就是努力把每一天過好。

但除了生命無常，讓我害怕自己無法陪伴孩子以外，如果還要舉出一件讓我覺得，如果當下死亡，會是我生命極大遺憾的事情，其實就是寫作了。

我那時有點驚訝的發現，自己對於寫出某些事情原來非常執著，我一直在思考什麼時候會是我寫出自己對家庭、對婚姻的思索的最佳時機，哪個時間點我可以暢所欲言，又可以不用擔心會刺激到家人的敏感神經。

而我發現我其實是找不到的。

因為每個人，對家裡發生的事情想法不同，對家庭、婚姻、親子關係的經驗和理解也不同，我們對每件事情都各執一詞，像是活在銀河系遙遠的兩端，無論我怎麼改寫、怎麼等待，那個不同想法可以靠近的一天其實永遠不會到來。

是我該放下自己的解釋接受對方的解釋？還是對方的描述比我的更有意義也更接近真實？我後來想，其實已經不重要了，每個人對事情都有自己的想法和感受，有些時候我只是表現出沒有那麼認同的樣子，就會有人覺得不快。

那讓我深感疲憊，覺得真實的自己備受壓抑，我們什麼時候能夠擁有自己的想法並且尋求被人傾聽呢？對事物的解釋和看法不同，難道一定要去爭個對錯？

明知道在某些事情以及事情帶給人的感受上，爭論對錯是沒有意義的，就只是你有你的感受，我有我的感受而已。

這些年我也越來越體會到，人的痛苦，有時來自徒勞無功地想要消除遺憾，但有些遺憾不可能避免只能背負，**接受人生總有遺憾，才不會讓自**

己的人生不斷和遺憾糾結。

比方說你永遠也不可能，和某些和你的想法天差地別、對事情的解釋完全不同的人相互理解，過度追求要你理解我、我理解你，覺得只有達成共識才沒有遺憾的話，反而會造成更多傷害。

我說出自己的想法，真的就只是想說而已。

那是一種自己的感受原來有權利存在，也有權利去尋求傾聽的感覺。

愛麗絲．米勒在《身體不說謊》裡說過，童年有過創傷經驗的人，內心裡都有一個被關在黑暗房間裡的孩子，那時不被允許存在的傷心、害怕、痛苦和憤怒，如果可以被釋放出來，其實一切就沒事了。

問題在於這些感受因為是在親子關係當中產生，就會因為各種道德壓力：你必須敬愛父母、感恩父母，而不被允許表達，甚至必須要假裝它不存在。

童年和青春期的我時常幻想，如果房間裡沒有鐵窗，我就可以從窗戶跳下去了。

我想藉由自我傷害，而且是他人可見的傷害，來讓其他人知道，我受傷了。

那時寫下來的日記也有這樣的目的，我會幻想如果我不在了，會有人看我的日記，知道我是什麼樣的心情，渴望被家人理解或聽見，但現在，「想被對方知道」的階段也過去了。

現在的我說出自己曾有的感受，並不是想和讓我有這種感受的人對話，而是想和和我有同樣感受的人交流。

談到回憶，就沒有所謂的唯一真相，每個人都用自己的方式去詮釋過去發生的事件，我想要強調的只是：我的詮釋也是屬於我的真實。是不能被別人否定和要求抹滅的部分，否則，我就是在否定一部分的自己。

我有權力活出自己，說出自己真實的想法和感受，但我也知道我沒有權力，傷害會因為聽見這些事情而感到受傷的人。

家庭裡的事情通常都是有理說不清的，對家庭的看法也是，有人已經習慣所以不能接受別人想從家庭裡逃脫，也有人是既得利益者更不想改變現狀，每個人依據自己的經驗和感受，會有不同的期待和想法。

我說出自己的事情只是想要釋放我一直壓抑在心裡的情緒，那些引導我走上現在的寫作之路的困惑和迷惘：愛是什麼？家庭又是什麼？愛情、婚姻，又是什麼？當一個人因為自我感覺受創而深感痛苦的時候，是不是這些東西都不足以拯救？

我想理解我父母的痛苦，那是我從小就一直想做的事情。

但是我也發現，如果我不去了解，他們的痛苦是如何造成我的痛苦的話，這項任務永遠不可能被執行。

而且這項任務沒有完成的可能，畢竟人不可能完全了解另一個人、了解發生過的事情，就算我說「我覺得你是因此而痛苦」，對方也未必會認同。我能了解的只有屬於我的部分，這也是我人生的功課，了解自己為什麼會感到遺憾和失落，傾聽，並且珍惜自己內心最真實的追求。

在寫作的當下我發現，我的思考已經超越了個人的議題，不再是針對特定的人事物，而是想要知道，人們對於愛、對於婚姻和家庭究竟是怎麼想的。

有沒有可能真的有樂多於苦的家庭，相愛的秘訣究竟是不是可以被陳述、可以去努力做到。

我需要寫作做為我思考的工具，不是向任何人追究罪責的武器，寫作幫助我把某一個壓抑太久，已經困在內心某個房間裡的自己釋放出來，從此不再活在過去的時間，而是活在文字賦予的生命裡。

寫作是我活出自己的方式，像一個生命的容器，並不是證明自己活著，而是會一直活在那裡，在文字裡。

因為疫情和身體不適，所引起的對生命無常的感受、對死亡的恐懼，我所尋找到的出路就是這樣，那些一直隱藏著壓抑著的真實想法和感受，我想坦率地寫出來。

家庭傷痕

作者—— 羽茜
副總編輯—— 楊淑媚
設計—— 張巖
校對—— 羽茜、楊淑媚
行銷企劃—— 謝儀方

總編輯—— 梁芳春
董事長—— 趙政岷
出版者—— 時報文化出版企業股份有限公司
108019 台北市和平西路三段二四〇號七樓
發行專線——（02）2306-6842
讀者服務專線——0800-231-705、（02）2304-7103
讀者服務傳真——（02）2304-6858
郵撥——19344724 時報文化出版公司
信箱——10899 臺北華江橋郵局第 99 信箱
時報悅讀網——http://www.readingtimes.com.tw
電子郵件信箱——yoho@readingtimes.com.tw
法律顧問—— 理律法律事務所　陳長文律師、李念祖律師
印刷—— 勁達印刷有限公司
初版一刷—— 2024 年 3 月 29 日
初版三刷—— 2024 年 7 月 8 日
定價—— 新台幣 360 元

時報文化出版公司成立於一九七五年，並於一九九九年股票上櫃公開發行，於二〇〇八年脫離中時集團非屬旺中，以「尊重智慧與創意的文化事業」為信念。

家庭傷痕 / 羽茜作 . -- 初版 . -- 臺北市 :
時報文化出版企業股份有限公司 , 2024.03　面；　公分
ISBN 978-626-396-030-5(平裝)
1.CST: 家庭關係 2.CST: 問題家庭 3.CST: 心理治療

178.8　113002733